Beck'sche Reihe
BsR 521
Große Denker

Das Buch gibt eine einführende, verständliche Gesamtdarstellung der Philosophie Fichtes. Die frühen Schriften bis etwa 1800, von denen vor allem seine historische Wirkung ausgegangen ist, stehen im Vordergrund. Die Fichtesche Philosophie wird dabei dargestellt vor dem Hintergund der Diskussionen, die seit etwa 1785 um Sinn und Berechtigung des Kantischen revolutionären Neuansatzes geführt worden sind. Es wird gezeigt, wie Fichte unter dem Druck von Argumenten, die gegen Kant vorgebracht worden waren, zu seiner eigentümlichen Konzeption von Transzendentalphilosophie geführt worden ist und wie er diese dann konsequent fortentwickelt hat: Das „Postulat der Freiheit" erzwingt einen „Idealismus aus einem Stück", eine Transzendentalphilosophie ohne dualistische Prämissen. Auch die Rechts- und Moralphilosophie, die Fichte auf der Basis dieses „Idealismus der Freiheit" ausbildet, kommen ausführlich zu Wort. In welcher Weise Fichtes Philosophie in ein solches lebendiges Gespräch hineingehört, zeigt sich ebenfalls bei den Auseinandersetzungen, die seit 1798 um seine Philosophie entstehen; in der Kritik an Fichte bilden Schelling und Hegel damals den absoluten Idealismus aus. Die durch diese Auseinandersetzungen ausgelöste Umwandlung der eigenen Konzeption, die Fichte nach 1800 vornimmt, wird in den beiden letzten Abschnitten dargestellt.

Peter Rohs, geboren 1936, ist Professor am Philosophischen Seminar der Westfälischen Wilhelms-Universität in Münster. Veröffentlichungen u. a.: Form und Grund (1969); Transzendentale Ästhetik (1973); Transzendentale Logik (1976); Die Vernunft der Erfahrung (1979); Die Zeit des Handelns (1980).

Die Reihe „Große Denker" wird herausgegeben von *Otfried Höffe,* Professor für Ethik und Sozialphilosophie sowie Direktor des Internationalen Instituts für Sozialphilosophie und Politik der Universität Freiburg i. Ü. (Schweiz). Über die weiteren Bände der Reihe siehe S. 196.

PETER ROHS

Johann Gottlieb Fichte

VERLAG C.H.BECK MÜNCHEN

Mit 6 Abbildungen

CIP-Titelaufnahme der Deutschen Bibliothek

Rohs, Peter:
Johann Gottlieb Fichte / Peter Rohs. – Orig.-Ausg. –
München : Beck, 1991
  (Beck'sche Reihe ; Bd. 521 : Große Denker)
  ISBN 3 406 34633 2
NE: GT

Originalausgabe
ISBN 3 406 34633 2

Umschlagentwurf von Uwe Göbel, München
Umschlagbild: Kupferstich von Jügel nach dem Gemälde
von Dähling, 1808 (Goethe-Museum Düsseldorf)
© C.H.Beck'sche Verlagsbuchhandlung (Oscar Beck), München 1991
Gesamtherstellung: C.H.Beck'sche Buchdruckerei, Nördlingen
Printed in Germany

Inhalt

Zitierweise

Fichtes Texte werden, soweit sie dort schon ediert sind, nach der Gesamtausgabe der Bayerischen Akademie der Wissenschaften, Stuttgart 1962 ff., unter der Sigle „GA …" zitiert. Da aber die alte, von Fichtes Sohn herausgegebene Ausgabe noch immer recht verbreitet ist und deren Seitenzählung auch in nahezu allen weiteren Ausgaben angegeben wird, werden die dort enthaltenen Texte ebenfalls nach ihr ausgewiesen (Sigle „FW …"). Auf diese Weise dürfte es für die meisten Leser am einfachsten sein, die zitierten Stellen in den ihnen zur Hand befindlichen Ausgaben aufzufinden. Kants Schriften werden in der üblichen Weise zitiert: Die *Kritik der reinen Vernunft* nach A- oder B-Fassung, die übrigen nach der Akademie-Ausgabe (Sigle „AA …").

Vorwort

Die vorliegende Darstellung der Philosophie Fichtes möchte zeigen, daß die von ihm entwickelte Variante der Transzendentalphilosophie auch heute noch von aktuellem philosophischen Interesse ist. Ich habe mich vor allem um Verständlichkeit und Klarheit bemüht. Dies war nicht immer einfach, gehört Fichte doch zweifellos zu den schwierigsten Autoren der Philosophiegeschichte. Manche seiner Texte stellen, zumindest nach meinen eigenen Erfahrungen, einem genauen Verständnis immense Schwierigkeiten entgegen. Es ist aber fruchtlos, solche dunklen Texte in anderen zu paraphrasieren, die an Unverständlichkeit mit den originalen wetteifern. Und ein philosophischer Autor kann nur dann aktuell bleiben, wenn es gelingt, seine Gedanken in eine den Rationalitätsstandards der eigenen Zeit entsprechende Form zu bringen. Ich habe die Überzeugung, Fichtes Philosophie ist so gehaltvoll, daß eine solche Umsetzung möglich sein muß. Ob sie freilich mir gelungen ist, ist eine andere Frage.

Der begrenzte Raum dieser Monographie verlangt, daß Schwerpunkte gesetzt werden. Deshalb wird Fichtes Wirken bis etwa 1800 sehr viel ausführlicher behandelt als die spätere Entwicklung. Dies kann damit gerechtfertigt werden, daß die historische Wirksamkeit Fichtes vornehmlich auf diesen frühen Schriften beruht. Die späteren Vorlesungen, großenteils erst aus dem Nachlaß ediert, haben im Vergleich dazu keinen nennenswerten Einfluß gehabt. Der Leser, der an Fichtes Philosophie herangeführt werden möchte, wird also in erster Linie ebenfalls an den frühen Fichte denken. Ich möchte aber offen sagen, daß diese Gewichtung meiner eigenen Einschätzung entspricht: den Fichte, der historisch wirksam war, halte ich auch für den sachlich interessanten.

Bei meiner Darstellung habe ich mich bemüht, die in jenen Jahren geführten Diskussionen – zunächst um den Sinn und die

Wahrheit der Kantischen Philosophie, später um den rechten Begriff des Absoluten – hinreichend zur Geltung kommen zu lassen. Wie wohl jede Philosophie, gehört auch die Fichtesche in den Kontext eines Gesprächs, ohne das sie nicht zu verstehen ist. Ich hoffe, daß etwas von der Lebendigkeit und Intensität dieser Auseinandersetzungen in diesem Buch zu spüren ist.

Meine Mitarbeiter Gabriele Santel, Christoph Jäger und Marcus Willaschek haben den gesamten Text mit mir durchgesprochen und dabei viele gute Vorschläge zur Verbesserung gemacht, wofür ihnen sehr herzlich gedankt sei. Frau Andrea Arendt hat alle mit der Herstellung des Textes verbundenen Aufgaben sehr kompetent ausgeführt; auch ihr sei dafür recht herzlich gedankt.

1. Biographische Skizze

Johann Gottlieb Fichte wurde am 19. Mai 1762 in Rammenau
in der Oberlausitz (zwischen Dresden und Bautzen) geboren.
Der Vater gehörte als Leinweber zum dörflichen Handwerker-
stand. Die ökonomischen Verhältnisse im elterlichen Hause
waren recht beengt, zumal sieben weitere Geschwister dort
groß wurden. Für den späteren Philosophen ist es von Bedeutung gewesen, daß ihm die sozialen Probleme der unteren
Schichten von Haus aus wohlvertraut waren. Das Kind scheint
zum Vater ein besseres, näheres Verhältnis gehabt zu haben als
zur Mutter.

Der Heranwachsende bekam vom Vater sowie vom Pfarrer
des Dorfes den ersten Unterricht. Bald wurde die Begabung des
Knaben entdeckt: dem Pfarrer fiel auf, daß dieser mit erstaunli-
cher Genauigkeit und gutem Verständnis die Sonntagspredigt
wiederholen konnte. Diese Fähigkeit veranlaßte auch die erste
wichtige Wendung im Leben des Knaben. Der Gutsherr Haubold von Miltitz war nach Rammenau gekommen und wollte
die Predigt hören, hatte sich aber verspätet. Man erzählte ihm
von dem Jungen, der die Predigt aufsagen könne. Dieser bestand die Probe so gut, daß der beeindruckte von Miltitz be-
schloß, die Erziehung desselben in die Hand zu nehmen (etwa
1770). Der junge Fichte kam so zuerst zu einem Pfarrer Krebel
nach Niederau bei Meißen, dann in die Lateinschule in Meißen
und schließlich 1774–1780 auf die Fürstenschule Pforta bei
Naumburg. Die Kosten übernahm von Miltitz.

Nach Abschluß der Schulzeit begann der Achtzehnjährige ein
Studium der Theologie in Jena. Die Gründe für diese Wahl
liegen im Dunkeln; es ist unklar, ob äußere Umstände (wie die
Hoffnung auf ein Stipendium) oder Neigungen den Ausschlag
gaben. Auch über den weiteren Verlauf des Studiums – er be-
suchte noch die Universitäten in Leipzig und Wittenberg – ist

wenig bekannt. Jedenfalls hat er sein Studium um 1784 abgebrochen, ohne ein Examen abzulegen.

In den folgenden Jahren verdingte sich Fichte, um notdürftig
seinen Lebensunterhalt zu verdienen, in verschiedenen Familien
als Hauslehrer. 1788 bekam er, in größter Not befindlich, eine
solche Stellung in Zürich bei einer Familie Ott vermittelt. Für
diese Tätigkeit entwarf er von Ende 1788 an pädagogische
Richtlinien, die erhalten sind (GA II, 1, 141–203) und uns seine
Position in der zeitgenössischen Aufklärung erkennen lassen.
Philosophisch vertrat Fichte damals einen strengen deistischen
Determinismus, nach dem alles Handeln durch die Gottheit
determiniert ist und folglich Freiheit und Sünde im eigentlichen
Sinne unmöglich sind (*Aphorismen über Religion und Deismus*,
1790, GA II, 1, 283–291 / FW V, 3–8).

In Zürich lernte er Lavater kennen, außerdem seine spätere
Frau, Johanna Rahn, deren Mutter eine Schwester Klopstocks
war. Vor Fichtes Abreise von Zürich 1790 verlobten sich beide.
Die Abreise war dadurch veranlaßt, daß das Verhältnis zur Familie Ott immer unerfreulicher und so eine weitere Tätigkeit
dort unmöglich wurde. Fichte kam nach Leipzig; auf der Suche
nach Möglichkeiten des Broterwerbs ereignete sich dort im
Sommer 1790 etwas, was den inzwischen Achtundzwanzigjäh-
rigen zum Philosophen werden ließ. Ein Student bat ihn um
Privatunterricht in der Kantischen Philosophie. Um ein wenig
Geld zu verdienen, sagte er zu; allerdings mußte er selbst erst
einmal die wichtigsten Kantischen Werke lesen. Bei diesem Studium ging ihm auf, was fortan sein Leben bestimmen wird. In
einem Brief vom August-September 1790 heißt es: „Ich habe
mich jetzt ganz in die Kantische Philosophie geworfen: anfangs
aus Not; ich gab eine Stunde über die ,Kritik der reinen Vernunft'; nachher seit meiner Bekanntschaft mit der ,Kritik der
praktischen Vernunft' aus wahrem Geschmack." (GA III, 1,
168) Und in einem Brief an die Braut aus der gleichen Zeit wird
geschildert, wie er – trotz seiner bedrängten äußeren Lage – in
diesem Studium seine seligsten Tage verlebt habe (ebd. 171). Er
faßte den Vorsatz, dieser Philosophie einige Jahre seines Lebens
zu widmen; alles, was er wenigstens in mehreren Jahren schrei-

ben werde, werde über sie sein. „Die Grundsätze derselben sind freilich kopfbrechende Spekulationen, die keinen unmittelbaren Einfluß aufs menschliche Leben haben; aber ihre Folgen sind äußerst wichtig für ein Zeitalter, dessen Moral bis in seine Quellen verdorben ist; und diese Folgen der Welt in einem anschaulichen Lichte darzustellen, wäre, glaube ich, Verdienst um sie." (ebd.) Daß Fichte seine Gegenwart für total verdorben hält, ist eine Grundkonstante seiner Weltauffassung und seiner Stellung zu seiner Mitwelt. In einem der frühesten erhaltenen Texte – *Zufällige Gedanken in einer schlaflosen Nacht* von 1788 (GA II, 1, 99–110) – findet sich diese Auffassung schon in starken Worten ausgedrückt, später wird sie zu einer zentralen These seiner Geschichtsphilosophie. Zweifellos hat diese Haltung sozialpsychologische Wurzeln – Fichtes Person sieht sich in ihrem Habitus einer feindlichen Umwelt gegenüber, mit der sie keinen Frieden finden kann. Die philosophischen Konsequenzen dieser Einstellung werden uns noch wiederholt beschäftigen.

Charakteristisch für Fichte ist auch, daß er die Philosophie sogleich unter dem Blickwinkel ihrer öffentlichen Wirkung auf die Zeit erfaßt. Mit den Grundsätzen kann sich zwar nur der „gelehrte Denker" befassen. Fichte will sie „klar verstehen", – vor allem aber will er „diese Grundsätze populär und durch Beredsamkeit auf das menschliche Herz wirksam zu machen suchen" (GA III, 1, 172). Fichte will Philosoph, strenger Denker sein, zugleich aber auch Rhetor und Prediger. Viele seiner späteren Schriften haben dieses Ziel der Popularität und breiten Wirksamkeit.

Das Studium der Kantischen Philosophie brachte einen grundlegenden Wandel in seinen philosophischen Auffassungen mit sich. Die „traurigen" Grundsätze, die er ehedem hatte, weichen nun besseren, edleren, wie es in dem schon zitierten Brief an die Braut heißt: „Sage Deinem teuren Vater, den ich liebe wie meinen: wir hätten uns bei unseren Untersuchungen über die Notwendigkeit aller menschlichen Handlungen, so richtig wir auch geschlossen hätten, doch geirrt, weil wir aus einem falschen Prinzip disputiert hätten. Ich sei jetzt gänzlich über-

11

zeugt, daß der menschliche Wille frei sei und daß Glückseligkeit nicht der Zweck unseres Daseins sei, sondern nur Glückswürdigkeit." (ebd. 171) Die Braut bat er sogar um Verzeihung dafür, sie durch seine früheren, entgegengesetzten Behauptungen in die Irre geführt zu haben.

Auch dies wird sich wiederfinden: es gibt für Fichte zwei konsequente Philosophien, die deterministische und die, die in Freiheit das Fundament sieht. Innerhalb beider kann richtig geschlossen werden, aber nur die Philosophie der Freiheit hat auch das richtige Prinzip. Fichtes frühe Auffassung wird also als einzig mögliches Gegenmodell auch späterhin aktuell bleiben.

Um von dem Brotberuf des Hauslehrers unabhängig zu werden, möchte er als Schriftsteller tätig werden. So plante er, einen erklärenden Auszug aus Kants soeben erschienener *Kritik der Urteilskraft* zu veröffentlichen (vgl. GA II, 1, 319–373). Der Plan zerschlug sich jedoch. Auf die Schwierigkeiten, die sich so der Gründung eines eigenen Hausstandes entgegenstellten, reagierte Fichte befremdlich. In einem verlorenen Brief an Johanna vom März 1791 (GA III, 1, 220) kündigte er die Verlobung auf, außerdem entfernte er sich, um für sie nicht erreichbar zu sein, ohne Angabe einer Anschrift aus Leipzig.

Die Versuche, durch eine neue Hofmeisterstelle aus der fortwährenden finanziellen Misere herauszukommen, führten ihn nach Warschau (Juni 1791). Als seine Pläne dort scheiterten, begab er sich, um Kant auch persönlich kennenzulernen, nach Königsberg. Der erste Besuch bei ihm am 4. Juli 1791 verlief nicht besonders glücklich. Deswegen faßte Fichte den Plan, sich durch eine Schrift bei Kant besser einzuführen. Zu diesem Zweck schrieb er innerhalb weniger Wochen im Juli und August 1791 seine Erstlingsschrift *Versuch einer Kritik aller Offenbarung*. „Am 18. August überschickte ich endlich die nun fertig gewordene Arbeit an Kant und ging den 23. hin, um sein Urteil darüber zu hören. Er empfing mich mit ausgezeichneter Güte und schien sehr wohl mit der Abhandlung zufrieden. Zu einem näheren wissenschaftlichen Gespräche kam es nicht, wegen meiner philosophischen Zweifel verwies er mich an seine ‚Kritik der reinen Vernunft‘, und den Hofprediger Schulz", so

Fichte selbst.[1] Da er wieder mittellos war, bat er Kant in einem weiteren Brief vom 2. September, in dem er seine Lage schilderte, um finanzielle Unterstützung. Der sparsame Moralphilosoph lehnte nach einigem Zögern ab, machte aber den Vorschlag, das Manuskript an den Königsberger Buchhändler Hartung zu verkaufen, und gab selbst einen freundlichen Empfehlungsbrief dazu. Wegen Schwierigkeiten mit der Zensur zog sich die Drucklegung hin. Schließlich erschien Fichtes erste Schrift zur Ostermesse 1792.

Durch einen seltsamen Umstand hat diese Schrift Fichtes Karriere sehr gefördert. Sie erschien, ohne Fichte als Verfasser zu nennen, und auch ohne das Vorwort Fichtes. Manche glaubten nun, die erwartete Religionsphilosophie von Kant selbst vor sich zu haben – die „vierte Kritik" gleichsam. Sogar in Rezensionen wurde diese Auffassung vertreten.[2] Der Irrtum wurde bald aufgeklärt – aber Fichte war mit einem Schlag in der literarisch-philosophischen Welt Deutschlands bekannt.

Ende Oktober 1791 verließ Fichte Kant und Königsberg, um eine Hauslehrerstelle in Krokow bei Danzig anzutreten, die er etwas über ein Jahr inne hatte. Der inzwischen eintretende Erfolg mochte ihn beruhigen, denn wohl im Dezember 1792 (der Brief ist ebenfalls nicht erhalten, GA III, 1, 360) schrieb er wieder an Johanna, um die Beziehung neu anzuknüpfen. Sie vergab ihm, so daß der Heirat nichts mehr im Wege stand. Im März 1793 brach Fichte von Danzig nach Zürich auf; dort wurde er am 22. Oktober 1793 mit Johanna getraut.

Der in Zürich verlebte Winter 1793/94 hat für Fichtes Entwicklung entscheidende Bedeutung: in diesen Monaten entstanden die Grundgedanken der eigenen Philosophie (vgl. Abschnitt 4); er erhielt außerdem einen Ruf an die Universität Jena als Nachfolger Reinholds, der nach Kiel gegangen war. Trotz einiger Bedenken wegen der 1793 veröffentlichten Revolutionsschriften (vgl. Abschnitt 2) sah man in Fichte den geeigneten Nachfolger, um den Geist Kantischer Philosophie den danach verlangenden Studenten nahezubringen.

Ende April 1794 brach Fichte von Zürich auf – zunächst für einige Wochen allein –; im Mai kam er in Jena an. Da er nie ein

13

Examen abgelegt hatte, mußte er, um überhaupt Vorlesungen halten zu dürfen, eilends zum Magister ernannt werden, was am Tage der ersten Vorlesung geschah (GA III, 2, 115). Die nun folgenden Jahre bis 1799 stellen den Höhepunkt in Fichtes Laufbahn dar. In schneller Folge erschienen seine bedeutendsten Schriften, die ihn rasch berühmt machten; sein Lehrerfolg bei den Studenten war außerordentlich groß. Dazu trug sehr bei sein damals revolutionäres Verfahren, seinen Vorlesungen nicht irgendein Lehrbuch eines anerkannten Autors zugrundezulegen, sondern eigene Gedanken vorzutragen. Es konnte nicht ausbleiben, daß ein so schnell emporgestiegener Autor, der zudem eine so provozierende, anspruchsvolle Theorie vortrug und damit großen Einfluß auf die Jugend gewann, auf Widerspruch stieß; auf einige dieser Streitigkeiten soll bei Besprechung der Schriften eingegangen werden.

1796 wurde der einzige Sohn geboren, Immanuel Hermann, später ebenfalls ein namhafter Philosoph und Herausgeber der ersten, noch immer wichtigen Ausgabe der Werke des Vaters.

Durch den Atheismusstreit wurde diese produktive, glückliche Zeit 1799 abrupt beendet. Fichte verlor die (kümmerlich genug besoldete) Stelle eines „professor ordinarius supernumerarius", die Sorgen um den Lebensunterhalt begannen erneut. Über diese Geschehnisse sowie die philosophischen Gedanken, die sie veranlaßt haben, wird in Abschnitt 9 gehandelt werden.

Nach seiner Entlassung konnte Fichte nicht in Jena bleiben, sondern mußte sich nach einem neuen Wohnort und einer neuen Wirkungsmöglichkeit umsehen. Seine Wahl fiel schließlich, nachdem sich andere Pläne als undurchführbar herausgestellt hatten, auf Berlin. Ein Brief Friedrich Schlegels mit vielen guten Ratschlägen (Juni 1799, GA III, 3, 383) dürfte für die Entscheidung sehr hilfreich gewesen sein. Anfang Juli reiste Fichte, zunächst ohne Familie, nach Berlin. Im Dezember kehrte er nochmals nach Jena zurück, um dann im März 1800 endgültig mit der Familie nach Berlin überzusiedeln. In diesen Jahren 1800/01, auf dem Höhepunkt der Auseinandersetzungen um Fichtes Philosophie, wurden von ihm zahlreiche Schriften herausgegeben. Einerseits war er nach dem Verlust der Besoldung auf den

Abb. 1: Fichte am Katheder. Zeichnung von Henschel (Süddeutscher Verlag)

15

finanziellen Ertrag der Schriftstellerei angewiesen, andererseits wollte er in diesen Streitigkeiten die Kontrahenten in die Schranken weisen und das Recht der eigenen Sache herausstellen. Da er aber seine bedeutendsten Gegner von dem, was er klar einzusehen meinte, nicht überzeugen konnte, verzweifelte er immer mehr an dem Sinn der philosophischen Bücher-Produktion; von 1802 an verstummte der Autor weitgehend, und erst im Jahre 1806 erschienen wieder drei Bücher.

Bedauerlicherweise gingen über dem Ringen um die philosophische Wahrheit auch die persönlichen Beziehungen zu den philosophischen Kollegen in die Brüche. Mit Reinhold, mit Jacobi, mit Schelling brach der briefliche Verkehr in diesen Jahren mehr oder weniger ab. Die Auseinandersetzungen zeugen auf allen Seiten von großer persönlicher Empfindlichkeit; es ist, als würden abweichende philosophische Auffassungen wie eine persönliche Kränkung erfahren, die die Fortsetzung eines Verkehrs ausschließt. Stattdessen eröffnete Fichte in Berlin seine privaten Vorlesungen über die Wissenschaftslehre und die anderen philosophischen Disziplinen, die er teilweise im eigenen Haus abhielt. Zu diesen Vorlesungen fanden sich bedeutende Persönlichkeiten des Berliner geistigen und politischen Lebens ein (vgl. z.B. die Teilnehmerverzeichnisse GA II, 7, 52ff. und GA II, 8, XXXVIIff.). Es gibt eine Reihe von Zeugnissen, die den großen Eindruck dieser Vorträge belegen.

Nur eine Episode blieb die Tätigkeit in dem damals preußischen Erlangen im Sommersemester 1805.[3] Den Winter 1805/06 verbrachte er in Berlin; er hielt dort die Vorlesungen, die 1806 unter dem Titel *Die Anweisung zum seligen Leben* erschienen sind (vgl. Abschnitt 13). Auch für das Sommersemester 1806 erbat er sich Urlaub, um in Berlin bleiben zu können. Danach verhinderten die Kriegsereignisse die weitere Tätigkeit in Erlangen. Im Oktober unterlag Preußen gegen Napoleon bei Jena und Auerstedt, noch im gleichen Monat zog Napoleon in Berlin ein. Nach dem Tilsiter Frieden gehörte Erlangen nicht mehr zu Preußen.

Fichte wollte nicht im besetzten Berlin bleiben. Seine Flucht führte ihn zunächst nach Königsberg, wo er im Januar 1807

Abb. 2: Fichte beim Berliner Landsturm, 1813. Aquarellierte Zeichnung von C. F. Zimmermann (Süddeutscher Verlag)

(zum ordentlichen Professor daselbst ernannt) Vorlesungen über die Wissenschaftslehre begann. Als die französischen Truppen auch dorthin zu kommen drohten, verließ Fichte im Juni 1807 Königsberg und ging nach Kopenhagen. Nach dem Frieden von Tilsit im Juli 1807 glaubte er, das moralische Recht zur Rückkehr in das noch immer besetzte Berlin zu haben. Im August war er wieder bei seiner Familie, die zurückgeblieben war. Im Winter 1807/08 hielt er die Vorträge, die nach ihrer Publikation als *Reden an die deutsche Nation* so große Wirkung entfalten sollten (vgl. Abschnitt 13). Damals begannen auch die Planungen der preußischen Regierung, die in Berlin eine neue Universität errichten wollte. Fichte, der durch den ihm befreundeten Kabinettsrat Beyme zur Mitwirkung aufgefordert worden war, entwickelte programmatische Gedanken (*Deduzierter Plan einer in Berlin zu errichtenden höheren Lehranstalt*, FW VIII, 95–219). Als es an die Ausführung ging, wurde aber den Vorschlägen Wilhelm von Humboldts und Schleiermachers größeres Gewicht eingeräumt.

Im Zentrum der letzten Lebensphase stand die Tätigkeit an der neugegründeten Universität. Im Oktober 1810 begann der Lehrbetrieb. Fichte war zum ordentlichen Professor berufen und sogleich auch zum Dekan der philosophischen Fakultät ernannt worden. Im Herbst 1811 wurde er sogar zum zweiten Rektor der Universität gewählt. Die Rede zum Antritt dieses Amtes am 19. Oktober 1811 *Über die einzig mögliche Störung der akademischen Freiheit* (FW XI, 449–476) war gegen das studentische Verbindungswesen mit seinen Ehrenhändeln gerichtet, das von anderer Seite her durchaus Unterstützung bekam. Als Fichte in einem Disziplinarverfahren um solche Ehrenhändel seine Auffassung im Senat nicht durchsetzen konnte, bat er (Februar 1812) um seine Entlassung aus dem Amt des Rektors. In der Folgezeit konzentrierte er sich ganz auf seine wissenschaftliche Tätigkeit. Sein eigentliches Lebensziel, die Vollendung und Veröffentlichung einer ihn befriedigenden Fassung der Wissenschaftslehre, der grundlegenden Disziplin seiner Philosophie, hatte er noch nicht verwirklicht, und es sollte dazu auch nicht mehr kommen.

Im Frühjahr 1813 brach erneut der Krieg gegen Napoleon aus. Fichte beendete vorzeitig seine Vorlesungen mit der *Rede an seine Zuhörer bei Abbrechung der Vorlesungen über die Wissenschaftslehre am 19. Februar 1813* (FW IV, 601–610). Als der Landsturm eingerichtet wurde, meldete er sich zur Teilnahme, seine Frau betreute als Pflegerin Verletzte. Zu Anfang des Jahres 1814 erkrankte sie schwer an einem Nervenfieber, das sie sich bei dieser Tätigkeit zugezogen hatte. Fichte rechnete schon mit ihrem Ableben, doch sie genas, er aber steckte sich an. Am 29. Januar 1814 ist er 51jährig gestorben. Sein Grab befindet sich auf dem Dorotheenstädtischen Friedhof in Berlin.

Abb. 3: Fichtes Grab auf dem Dorotheenstädtischen Friedhof in Berlin
(Süddeutscher Verlag)

2. Die ersten Schriften

Die öffentliche Wirksamkeit des Philosophen Fichte beginnt 1792 mit der *Kritik aller Offenbarung* (GA I, 1, 1–123; die Zusätze zur zweiten Auflage 1793 ebd. 125–162; Entwürfe ebd. II, 2, 13–123 / FW V, 9–174). Die Genese und die eigenartige Rolle dieser Schrift für Fichtes Laufbahn wurden schon erwähnt. Die Nähe zu Kant, die manchen Zeitgenossen verführt hatte, diesem das Werk zuzuschreiben, zeigt sich schon in der Fragestellung. Kant hatte für die Religionsphilosophie dadurch einen neuen Grund gelegt, daß er zeigte: der Ort der Gottesfrage ist zwar die Vernunft und muß es auch bleiben, nicht aber die theoretische, sondern die praktische Vernunft. Fichte untersucht nun, welchen Sinn im Rahmen dieser Konzeption der Begriff der Offenbarung noch haben kann.

Zunächst wird in engem Anschluß an Kants Postulatenlehre eine „Deduktion der Religion überhaupt" gegeben (§ 2). Aus der gegenseitigen Unabhängigkeit von vernünftiger und sinnlicher Natur folgt, daß der Endzweck des Moralgesetzes, das höchste Gut, in dem sittliche Vollkommenheit und Glückseligkeit vereinigt sind, nur möglich ist, wenn die sinnliche Natur von einem durchgängig moralisch bestimmten Wesen abhängig ist, das jene Vereinigung angemessen garantiert. „Es muß also ein ewiger Gott sein, und jedes moralische Wesen muß ewig fortdauern, wenn der Endzweck des Moralgesetzes nicht unmöglich sein soll." (GA I, 1, 22 / FW V, 41) Der Begriff der Offenbarung wird bestimmt als „ein Begriff von einer durch übernatürliche Kausalität von Gott in der Sinnenwelt hervorgebrachten Wirkung, durch welche er sich als moralischen Gesetzgeber ankündigt" (ebd. 41 / –). Fichte möchte dann diesen Begriff nach Prinzipien der reinen praktischen Vernunft als unter gewissen empirischen Bedingungen notwendig erweisen. Wenn es moralische Wesen gibt, bei denen der Widerstreit des

Naturgesetzes gegen das Sittengesetz so geartet ist, daß das Sittengesetz seine Kausalität entweder immer oder in gewissen Fällen gänzlich verliert, dann müssen, wenn diese Wesen nicht aller Moralität unfähig werden sollen, moralische Antriebe auf sinnlichen Wegen an sie gebracht werden. Dies geschieht in einer Offenbarung, wenn sich also Gott in irgendeiner besonderen Erscheinung als moralischen Gesetzgeber ankündigt. Bei einem solchen sittlichen Verfall helfen nur außergewöhnliche Mittel – eben eine Offenbarung –, die bei moralischeren, gegen sittliche Motive nicht gänzlich tauben Wesen fehl am Platze wären. Eine Offenbarung hat also nur eine sehr bedingte Funktion.

Aus dieser Konzeption ergeben sich weiterhin gewisse Kriterien formaler und inhaltlicher Art, denen jede Erscheinung mindestens genügen muß, wenn sie zu Recht soll beanspruchen können, Offenbarung zu sein. In der Darlegung dieser Kriterien besteht die „Kritik aller Offenbarung". Jede Offenbarung z.B., „die sich durch unmoralische Mittel angekündigt, behauptet, fortgepflanzt hat, ist sicher nicht von Gott" (ebd. 75 / 113); – Fichte erwähnt ausdrücklich Zwang und Verfolgung als solche unmoralischen Mittel, die die Nichtgöttlichkeit einer vorgeblichen Offenbarung beweisen.

Die vorliegende frühe Schrift ist entstanden, bevor Fichte zu seiner eigenen philosophischen Position gefunden hat. In seinem Kant-Studium hatte er sich von der Richtigkeit der Kantischen Grundsätze überzeugt; er versucht nun zunächst, sie auf konkrete und aktuelle Probleme anzuwenden.

Anwendung Kantischer Grundsätze sind auch die beiden nächsten, bedeutenderen Schriften von 1793, die den jungen Gelehrten noch bekannter – für manche freilich auch berüchtigter – machen. Fichte bezieht Stellung zur Französischen Revolution, und zwar energisch für sie und für ihr Recht.

Fichte hat selbst seine Philosophie in Analogie zur Französischen Revolution gesetzt und die Genese seines Systems mit der Reflexion über jenes Ereignis in Verbindung gebracht. In einem Briefentwurf – vermutlich vom April 1795 an Baggesen – heißt es: „Mein System ist das erste System der Freiheit; wie jene

Nation von den äußeren Ketten den Menschen losreißt, reißt mein System ihn von den Fesseln der Dinge an sich, des äußeren Einflusses los, und stellt ihn in seinem ersten Grundsatz als selbständiges Wesen hin. Es ist in den Jahren, da sie mit äußerer Kraft die politische Freiheit erkämpften, durch inneren Kampf mit mir selbst, mit allen eingewurzelten Vorurteilen entstanden; nicht ohne ihr Zutun; ihr Valeur war, der mich noch höher stimmte, und jene Energie in mir entwickelte, die dazu gehörte, um dies zu fassen. Indem ich über diese Revolution schrieb, kamen mir gleichsam zur Belohnung die ersten Winke und Ahndungen dieses Systems." (GA III, 2, 298)

Ähnliche Zusammenhänge werden von Zeitgenossen gesehen. Friedrich Schlegel nennt 1798 in einem *Athenäums*-Fragment die Französische Revolution, Fichtes *Wissenschaftslehre* und Goethes *Meister* die größten Tendenzen des Zeitalters.[4] Heute urteilt Bernard Willms, der eine Ausgabe der Revolutionsschriften besorgt hat: „Das Spezifische bei Fichte ist die eigentümliche Verbindung, die die Wirkung von Kants Philosophie mit einer subjektiven Aktualisierung der Revolution in Frankreich einging."[5]

Kant hatte seit 1790 in zahlreichen Äußerungen seine Sympathie für die Revolution bekundet und sich dabei auch durch den Terror nicht abschrecken lassen. Zugleich lehnte er aber aus grundsätzlichen Erwägungen jedes Recht ab, einen bestehenden Verfassungszustand – und sei der Inhaber der souveränen Macht auch noch so tyrannisch – gewaltsam abzuändern. Für ihn gab es als Ausweg aus diesem Dilemma nur die Reform von oben; die Aufklärung habe bis zu den Thronen hinaufzusteigen. Unabdingbare Voraussetzung dafür sei aber die „Freiheit der Feder" – die Möglichkeit der öffentlichen kritischen Erörterung der gegebenen politischen Situation.

Aber die Kantischen Theorien von sittlicher Freiheit und Autonomie konnten revolutionärer ausgelegt werden. So hat Johann Benjamin Erhard, der 1795 sein Buch *Über das Recht des Volks zu einer Revolution*[6] veröffentlichte (er hat auch Fichtes Revolutionsschriften rezensiert), sich für einen treuen Schüler Kants gehalten (Haasis, a.a.O. 223), zugleich aber die Auffassung vertreten, eine Revolution sei sogar moralische Pflicht, wenn Ungerechtigkeit abzustellen und Gerechtigkeit möglich zu machen sei. Wo Menschenrecht und Menschenwürde durch die Machthaber verletzt werden, gebiete ihre Verteidigung eine Revolution.

Auch Fichte gab der Kantischen Konzeption sittlicher Autonomie eine radikalere Wendung. Die erste Revolutionsschrift hat den Titel *Zurückforderung der Denkfreiheit von den Fürsten Europens, die sie bisher unterdrückten* (1793; GA I, 1, 163–192 / FW VI, 1–36). Sie ist wie die zweite anonym erschienen; es wurde aber schnell bekannt, wer ihr Autor war. Fichte verbindet Kants Idee der sittlichen Autonomie des Menschen mit der naturrechtlichen Konzeption des Gesellschaftsvertrages. Er besaß eingehende Kenntnisse von Montesquieu und Rousseau; vermutlich kannte er auch die Schriften von Hobbes. Besonderen Einfluß hatte das Buch von Theodor Schmalz *Das reine Naturrecht* (1791), auf das er sich ausdrücklich bezieht. Auch Schmalz war Kantianer; er erkannte als einer der ersten die Möglichkeit, die Grundsätze der Kantischen Philosophie auf das Naturrecht anzuwenden (Willms, a. a. O. XXI).

Fichte kämpft in seiner Schrift für die Freiheit der Rede und des Publizierens. 1788 war in Preußen das Wöllnersche Zensuredikt – eine „Kriegserklärung gegen die Aufklärung" – erlassen worden; bei der Herausgabe der Offenbarungsschrift war Fichte selbst in Konflikt mit der Zensur geraten, wie ja auch Kant 1793 bei der Veröffentlichung seiner Religionsphilosophie. Basis aller Sittlichkeit, so Fichte, sei das „Gesetz in uns" sowie unser Gewissen. Der Mensch habe „ein Recht zu den Bedingungen, unter denen allein er pflichtmäßig handeln kann, und zu den Handlungen, die seine Pflicht erfordert"; dieses Recht sei unveräußerlich. Veräußerliche Rechte beziehen sich auf die Handlungen, die das Gesetz bloß erlaubt. In dem Vertrag, auf den die bürgerliche Gesellschaft sich gründet, können nun nur veräußerliche Rechte aufgegeben werden. Sittliche Autonomie und Selbstvervollkommnung des Menschen im Fortschritt zur Wahrheit, damit auch das Recht der gemeinschaftlichen Untersuchung der Wahrheit, gehören zu den unveräußerlichen Rechten. Die politischen Machthaber haben daher die unbedingte moralische Pflicht, diese unveräußerlichen Rechte zu schützen. „Fürst, Du hast kein Recht unsere Denkfreiheit zu unterdrükken: und wozu Du kein Recht hast, das mußt Du nie tun, und wenn um Dich herum die Welten untergehen, und Du mit Deinem Volke unter ihren Trümmern begraben werden solltest." (a. a. O. 187/28) – In einem Brief vom Dezember 1793 hat Fichte diese Rede als „die liebste meiner Schriften" bezeichnet (GA III, 2, 28).

Die zweite Schrift *Beitrag zur Berichtigung der Urteile des Publikums über die französische Revolution* (1793; GA I, 1, 193–404 / FW VI, 37–288) ist Fragment geblieben. Ein geplanter zweiter Teil, der die Beurteilung der Weisheit der Revolution bringen sollte, ist nicht erschienen.

Diese Schrift hatte ungeheuren Erfolg. Wie später bei Erhard geht es um das Recht zur Revolution. „Hat überhaupt ein Volk das Recht, seine Staatsverfassung abzuändern?", ist die Frage des ersten Kapitels (a. a. O. 235/80). Einleitend untersucht Fichte, vor welchem Forum diese Frage zu beantworten sei. Da weder die empirische Erfahrung noch gesunder Menschenverstand noch die Geschichte die Quelle zu ihrer Beantwortung sein können, bleibe nur das Sittengesetz. Und da liegt die Antwort auf der Hand: „Keine Staatsverfassung ist unabänderlich, es ist in ihrer Natur, daß sie sich alle ändern. Eine schlechte, die gegen den notwendigen Endzweck aller Staatsverbindungen streitet, muß abgeändert werden; eine gute, die ihn befördert, ändert sich selbst ab." (ebd. 254/103) Der „Bürgervertrag" (ebd. 259/109) kann sich (wie schon in der „Rede" dargelegt) nur auf die veräußerlichen Rechte beziehen. Da das Recht, diesen Vertrag aufzukündigen und abzuändern, nicht veräußert werden kann, ist eine Revolution rechtmäßig: „Zu jeder Revolution gehört die Lossagung vom ehemaligen Vertrage, und die Vereinigung durch einen neuen. Beides ist rechtmäßig, mithin auch jede Revolution, in der beides auf die gesetzmäßige Art, d. i. aus freiem Willen, geschieht." (ebd. 291/148) In diese Überlegungen ist eingebettet eine sehr scharfe Polemik gegen August Wilhelm Rehberg und dessen *Untersuchungen über die französi-*

sche Revolution (1792). Rehberg war Sekretär des Geheimen Ratskollegiums in Hannover und gehört zu den führenden Vertretern des frühen politischen Konservativismus in Deutschland, der sich gerade damals in Auseinandersetzung mit der Revolution zu bilden begann. Er bestand darauf, wie Willms schreibt, „abstrakte Parolen wie ‚volonté générale‘, ‚Souveränität des Volkes‘ und ‚Gleichheit‘ unter dem Gesichtspunkt konkreter politischer Möglichkeiten zu analysieren" (Willms, a. a. O. XXIII). Fichte hat diese Einstellung heftig bekämpft; für ihn durften die moralischen Postulate nicht durch Hinweise auf konkrete Umstände und Schwierigkeiten relativiert werden. Die Bedenken der Empiriker hatte er schon in der Einleitung als grundsätzlich irrelevant abgetan.

Im Zusammenhang dieser Schrift muß ein bedauerlicher Zug an Fichtes Rechtsbewußtsein erwähnt werden: seine antisemitische Polemik. Wenn man den Juden auch noch das Bürgerrecht gebe, würden alle übrigen Bürger völlig unter die Füße getreten werden, heißt es da, und: „Aber ihnen Bürgerrechte zu geben, da sehe ich wenigstens kein Mittel, als das, in einer Nacht ihnen allen die Köpfe abzuschneiden, und andere aufzusetzen, in denen auch nicht eine jüdische Idee sei. Um uns vor ihnen zu schützen, dazu sehe ich wieder kein ander Mittel, als ihnen ihr gelobtes Land zu erobern, und sie alle dahin zu schicken." (a. a. O. 293/150) Fichte spielt in der Frühgeschichte des neuzeitlichen Antisemitismus eine wenig rühmliche Rolle. Seine Vorurteile haben hier sein Rechtsdenken ruiniert. Im damals anhebenden Kampf um die bürgerliche Emanzipation der Juden mußten solche Äußerungen großen Schaden anrichten.[7] – Auf weitere Details der Schrift, wie das Plädoyer gegen die Privilegien des Adels (4. und 5. Kapitel) oder die Forderung einer strikten Trennung von Staat und Kirche (6. Kapitel), ist hier nicht mehr einzugehen.

In den bisher genannten Schriften waren Kantische Prinzipien vorerst auf besondere Fragen angewandt worden. Nun mußten aber die Prinzipien selbst zum Gegenstand der philosophischen Untersuchung werden. Damit erst beginnt das, was Fichtes Philosophie ist.

3. Die Diskussionen um die Kantische Philosophie

Die Genese der Fichteschen Wissenschaftslehre läßt sich nur verstehen vor dem Hintergrund der Auseinandersetzungen, die seit etwa 1785 in ständig steigender Intensität um die Kantische Philosophie geführt wurden. Deswegen seien zunächst diese Debatten in einigen Grundzügen skizziert, ehe die Genese der Wissenschaftslehre selbst dargestellt wird. Es soll gezeigt werden, in welche Diskussionen dieses Werk eingegriffen hat, welches die Fragen waren, um deren Beantwortung gestritten wurde und die auch Fichte beantworten wollte.

Kants *Kritik der reinen Vernunft* von 1781 wurde von den Zeitgenossen bald als Epochemachend, als Beginn eines neuen Abschnittes in der Philosophiegeschichte angesehen. In der seit 1785 in Jena erscheinenden *Allgemeinen Literaturzeitung*[8] – einem Organ, das sich von vornherein die Verbreitung der Kantischen Philosophie zum Ziel gesetzt hatte – erklärte der Mitherausgeber Chr. G. Schütz schon in der Nr. 80 vom 7. April 1785, daß mit der Kritik der reinen Vernunft „eine neue Epoche der Philosophie angegangen" sei. K. L. Reinhold (1758–1823) veröffentlichte seit 1786 im *Teutschen Merkur Briefe über die Kantische Philosophie*, in denen er zeigen wollte, daß die Kantische Philosophie den Ausweg aus der Orientierungskrise der Zeit weisen könne; sie vermöge die drängendsten Probleme – vor allem die auf das Verhältnis von Vernunft und Religion bezogenen – zu lösen. Er konstatiert eine allgemeine Erschütterung auf allen Gebieten der Kultur und hofft, daß das Kantische Denken – eine der „allgemeinsten, merkwürdigsten und wohltätigsten Revolutionen, die sich je im menschlichen Geiste ereignet haben"[9] – das Rettungswort in dieser Zerrissenheit gibt. Er hielt eine Art von religiöser Erneuerung durch Kant für möglich und verkündete, „in hundert Jahren werde Kant die Reputation von Jesus Christus haben".[10] 1787 wurde Reinhold in Jena Professor; wie gesagt ist er dort der Vorgänger Fichtes gewesen. Er und die Literaturzeitung vor allem haben der Kantischen Philosophie in der Öffentlichkeit zum Durchbruch verholfen. Die durch sie eröffneten neuen theologischen Möglichkeiten haben dabei stärker gewirkt als die erkenntnistheoretischen Probleme. In der Vorrede zur 2. Auflage der *Kritik der reinen Vernunft* 1787 bestätigte Kant diese Einschätzung durch den Satz, er habe das Wissen aufheben müssen, um zum Glauben Platz zu bekommen. Dies war es, was die Zeitgenossen in erster Linie faszinierte.

Von Anfang an wurde freilich über die Unverständlichkeit der Kantischen Schriften geklagt, weswegen bald eine umfangreiche Auslegungs- und Vermittlungsliteratur zu erscheinen begann. In dem anhebenden Streit um die Berechtigung der Kantischen Revolution warfen die Verteidiger Kants den Gegnern immer wieder vor, sie hätten ihn gar nicht verstanden; die Gegner umgekehrt konterten, er sei auch gar nicht zu verstehen. Die Auseinandersetzungen über Wahrheit und Sinn der Kantischen Thesen gingen Hand in Hand. Sie wurden in einer kaum übersehbaren Fülle von Publikationen unter großem öffentlichen Interesse geführt. 1790 klagt ein Zeitgenosse darüber, daß die Kantischen Schriften sich auf den Damentoiletten fänden und die Friseure in ihrer Terminologie sprächen.[11] Die sehr intensive kritische Rezeption der Kantischen Philosophie gehört sicherlich zu den großartigsten geistigen Phänomenen jener Zeit. Fichtes Leistung ist es gewesen, in diesem Hin und Her zu einer neuartigen, geschlossenen, in die Zukunft weisenden Konzeption gefunden zu haben.

In den lebhaften Polemiken sind ungemein viele unterschiedliche Argumente vorgebracht und Positionen vertreten worden, deren genaue Darstellung sehr schwierig ist. Um die Genese der Wissenschaftslehre verständlich zu machen, möchte ich vor allem vier Momente herausheben.

1. Es ging zunächst um die formale Struktur des Kantischen Werkes. Die so oft beklagte Unverständlichkeit der Kantischen Schriften wurde schon erwähnt. Vor allem ist ihr Argumentationsgang nur schwer präzise zu fassen. Man sieht nicht, wel-

Abb. 4: Immanuel Kant. Portrait von J. B. Becker, 1768

ches die Prämissen der Kantischen Darlegungen sein sollen, welches die Konklusionen, und wie man korrekt von jenen zu diesen kommt. Über die „Beweisstruktur"[12] zentraler Stücke der *Kritik der reinen Vernunft* wird bis heute endlos gestritten. Kants Eigenart, wesentliche Resultate seines neuartigen Ansatzes von Beginn an so zu betrachten, als seien sie wie selbstverständlich gegeben, kann den Verdacht erwecken, seine verwikkelten Überlegungen liefen auf schlichte Zirkelschlüsse hinaus. Reinhold kam so zu der Einsicht, daß es nicht allein der Dummheit oder Böswilligkeit der Gegner zuzuschreiben sei, daß der Streit kein Ende nahm, – daß es auch in der Kantischen Philosophie selbst Gründe gebe, weswegen sie nicht allgemein überzeuge. Er hielt sie für wahr, aber nicht für überzeugend bewiesen. Also müsse man das der Sache nach Wahre noch in klaren, überschaubaren und überprüfbaren Schritten darlegen, damit es jedermann einleuchte und die erhofften und erwarteten wohltätigen Folgen zeitigen könne.

Die wichtigste Aufgabe bei dieser strukturellen Klärung, die das Wahre in eine allgemein überzeugende Gestalt bringen sollte, war die sorgfältige Unterscheidung der Ausgangspunkte und der Folgerungen. Die Prämissen, die Definitionsketten und die Beweisschritte mußten explizit gemacht werden. So rückte das Problem des Fundamentes der Philosophie in den Mittelpunkt – 1791 erschien von Reinhold eine Schrift mit dem Titel *Über das Fundament des philosophischen Wissens*.[13] Bei Kant ist schwer zu sagen, welche Sätze das Fundament seines Systems sind. Um der erstrebten Durchsichtigkeit willen, die jeden Streit über „Beweisstrukturen" beenden soll, möchte Reinhold dies offenlegen. Er will also der Kantischen Philosophie ein Fundament geben, er will in die sichere Form eines Systems bringen, was in den Kantischen Texten auf unbewiesenen Voraussetzungen beruht oder unverbunden nebeneinander steht. Philosophie soll „strenge Wissenschaft" werden; Reinhold veröffentlicht 1790 einen Aufsatz mit dem Titel *Über die Möglichkeit der Philosophie als strenge Wissenschaft*.[14] Aus dieser Absicht erklärt sich die große Bedeutung des Systemgedankens für die nachfolgenden Philosophen – nicht zuletzt für Fichte.

CARL LEONHARD
REINHOLD

Abb. 5: Karl Leonhard Reinhold. Kupferstich aus dem Bestand der Kunst-
sammlung der Veste Coburg

Ein sehr folgenreicher Schritt Reinholds bestand nun in der Überlegung, daß dieses für jede wissenschaftliche Philosophie unentbehrliche Fundament in einem einzigen obersten Grundsatz bestehen müsse. Ein solcher Grundsatz soll sich hinsichtlich seines Sinnes selbst bestimmen und gegen Mißverständnisse sichern, so daß er durch sich klar ist; er kann entweder gar nicht, oder er muß richtig gedacht werden (a. a. O. 158 f.). Die Definitions- und Beweisketten gehen also auf einen gemeinsamen ersten Punkt zurück. „Der durch sich selbst bestimmte Satz kann nur ein Einziger sein", denn er muß die höchsten und allgemeinsten Merkmale, die sich vorstellen lassen, enthalten. Die höchste vorstellbare Gattung aber könne nur eine einzige sein.

Fichte hat diese Gedanken Reinholds – die der Sache nach ja sehr problematisch sind – uneingeschränkt akzeptiert. „Sie haben, so wie Kant, etwas in die Menschheit gebracht, daß ewig in ihr bleiben wird. Er, daß man von der Untersuchung des Subjekts ausgehn, Sie, daß die Untersuchung aus Einem Grundsatze geführt werden müsse" (GA III, 2, 282), so heißt es in einem Schreiben an Reinhold. Das an sich berechtigte Streben, den neuartigen Kantischen Gedanken eine analytisch durchsichtige Darstellung zu geben und so zugleich das Rätseln über den Sinn Kantischer Sätze und den Streit über ihre Wahrheit zu beenden, hatte nunmehr eine eigentümliche Wendung genommen: Von einem durch sich in seinem Sinn bestimmten höchsten Grundsatz aus sollte deduktiv ein System abgeleiteter Begriffe und Sätze aufgebaut werden. In dieser (kaum mehr berechtigten) Gestalt hat es Bedeutendes dazu beigetragen, daß so bald nach Kant eine „Philosophie des Absoluten" möglich wurde: Von dem Gehalt des höchsten Grundsatzes zum eigentlichen „Absoluten" war kein weiter Weg. Es war dies die systematisch wichtigste Einbruchstelle für den Gedanken des Absoluten in den Kritizismus, der alle solche Gedanken aus der theoretischen Philosophie ausgeschlossen zu haben schien.

2. Kants Philosophie ist von einer durchgängig dualistischen Struktur, sie operiert mit grundlegenden festen Oppositionen wie a priori – a posteriori, Sinnlichkeit – Verstand, Rezeptivität

– Spontaneität, Phänomena – Noumena, Form – Materie, Reines – Empirisches usw. Diese Dualismen wurden schon bald – zuerst von Kants Königsberger Landsmann Johann Georg Hamann – angegriffen. Dessen *Metakritik über den Purismum der Vernunft* von 1784 ist zwar erst 1800 publiziert worden, ihre Gedanken aber waren bedeutenden Autoren wie Jacobi oder Herder, die mit Hamann korrespondierten, vertraut und so durchaus schon vorher wirksam. Die Versuche der Kant-Gegner, bei Kant Inkonsistenzen und Widersprüche nachzuweisen, haben sich vornehmlich an diese Dualismen gehalten.

Vor allem der Gegensatz von Form und Materie ist attackiert worden.[15] Diese Unterscheidung entstammt der scholastischen Tradition – war also schon von ihrer Herkunft her zu diskreditieren. Doch bei Kant steht es schlimmer mit ihr als bei den Scholastikern, denn diese nahmen nur eine „distinctio formalis", eine bloß begriffliche Trennung zwischen ihnen an. Wenn Kant dagegen sagt, daß die Materie aller Erscheinung nur a posteriori gegeben sei, die Form derselben aber im Gemüte a priori bereit liegen müsse (KrV B 34), dann scheint er zu unterstellen, daß Form und Materie auch realiter getrennt werden können. Sie sollen ja auf verschiedene Quellen zurückgehen, was eine solche reale Trennbarkeit – nicht nur eine „distinctio formalis" – involviert. Die Entwicklung hin zur Fichteschen Wissenschaftslehre ist generell dadurch bestimmt, die Bedeutung dieser festen Kantischen Dualismen zu relativieren – insbesondere auch die desjenigen von Form und Materie. Es schien unmöglich, beide getrennt auf verschiedene Ursprungsorte zu verteilen. Reinhold hat an dieser Kantischen Distinktion festgehalten, was in der späteren Polemik von Fichte gegen Reinhold eine große Rolle gespielt hat.

3. Mit dem vorherigen Punkt hängt eng zusammen der berühmte Streit um das Ding an sich. Der alte Moses Mendelssohn hatte 1785 in seinen *Morgenstunden*[16] die Unterscheidung von unerkennbaren Dingen an sich und erkennbaren Erscheinungen mit guten, aus heutiger Sicht recht modernen sinnkritischen Argumenten angegriffen und als sinnlos zu erweisen versucht. Kant selbst antwortete 1786 darauf mit im einzelnen

recht befremdlichen, kaum überzeugenden Gegenargumenten, die den Sinnlosigkeitsverdacht entkräften und die Unterscheidung als sinnvoll rechtfertigen sollten.[17]

1787 erschien dann von Jacobi die Schrift *David Hume über den Glauben, oder Idealismus und Realismus. Ein Gespräch*.[18] In einer Beilage zu dieser Schrift mit dem Titel *Über den transzendentalen Idealismus* (ebd. 289–310) findet sich das wirkungsvolle Argument, daß die Annahme von uns kausal affizierenden Dingen an sich mit Kants eigener Theorie – die die Anwendung von Kategorien auf Erscheinungen restringiere – nicht zu vereinbaren sei. Andererseits müsse Kant Gegenstände unterstellen, die Eindrücke auf die Sinne machen und dadurch Vorstellungen zuwege bringen. Jacobi kommt so zu seinem immer wieder zitierten Schluß: „Ich muß gestehen, daß dieser Anstand mich bei dem Studio der Kantischen Philosophie nicht wenig aufgehalten hat, so daß ich verschiedene Jahre hintereinander die Kritik der reinen Vernunft immer wieder von vorne anfangen mußte, weil ich unaufhörlich darüber irre wurde, daß ich ohne jene Voraussetzung in das System nicht hineinkommen, und mit jener Voraussetzung darin nicht bleiben konnte." (ebd. 304) Den Kantianern gibt er den Ratschlag, daß der transzendentale Idealist um der inneren Konsistenz seines Systems willen den Mut haben müsse, „den kräftigsten Idealismus, der je gelehrt worden ist, zu behaupten, und selbst vor dem Vorwurf des spekulativen Egoismus sich nicht zu fürchten" (ebd. 310). Aus der Perspektive Jacobis war dies ein ironisch gemeinter Rat, der die Absurdität des Idealismus dartun sollte. Wir werden sehen, wie Fichte ihn befolgt, wie er durch das Gewicht dieses von den Kant-Gegnern ständig wiederholten Einwandes[19] zu seinem „kräftigen" Idealismus gedrängt worden ist. Die systematische Nähe zu dem Gedanken, der die reale Trennbarkeit von Form und Materie bezweifelt, liegt auf der Hand.

4. Ein wichtiger Streitpunkt ist schließlich auch die Frage gewesen, ob Kants Theorie insofern konsistent sei, als sie es erlaube, die Möglichkeiten ihrer eigenen Aussagen über Subjektivität verständlich zu machen, über das „Gemüt", das nach Kant die Quelle des Notwendigen in unserer Erkenntnis sein

soll. Das dritte Hauptstück der „Analytik der Grundsätze" der *Kritik der reinen Vernunft* hat den Titel „Von dem Grunde der Unterscheidung aller Gegenstände überhaupt in Phänomena und Noumena" (KrV B 294). Kant nimmt an, daß jeder Gegenstand – alles also, über das überhaupt gesprochen werden kann – entweder Phänomenon (ein sinnlicher Gegenstand möglicher Erfahrung) oder Noumenon (eine von jeder Sinnlichkeit unabhängige Entität) sein müsse. Also muß auch das „Gemüt", in dem die Formen a priori bereit liegen sollen, eines von beiden sein. Wenn es Phänomen ist, reduziert sich jedoch die Kantische Theorie auf empirische Psychologie; aller Anspruch auf apriorische Notwendigkeit an irgendeiner Stelle in der Theorie müßte zunichte werden. Wenn dagegen das Gemüt Noumenon ist, ergibt sich aus Kants Theorie, daß es uns unbekannt sein muß und daß sich keine Kategorien darauf anwenden lassen (man also z. B. nicht sinnvoll von wirksamen, tätigen Vermögen bei ihm sprechen kann usw.). In beiden Fällen aber hebt die Basis der Theorie sich auf. – Dies Problem ist ein Erbe für die gesamte Tradition des Kantianismus bis hin zu den Neukantianern und der transzendentalen Phänomenologie Husserls gewesen: Entweder droht diese Theorie zu empirischer Psychologie zusammenzufallen, oder sie scheint genötigt, in Gestalt von weltlosen „transzendentalen Subjekten" rätselhafte, unklare Entitäten einzuführen.

Das Problem der Deutung des „Gemütes", d. h. der Selbstdeutung von Subjektivität ist vor allem von einem Autor eindringlich aufgeworfen worden, der für Fichtes Entwicklung sehr wichtig geworden ist: von Gottlob Ernst Schulze (1761–1833), der unter dem Pseudonym „Aenesidemus" 1792 eine Verteidigung des Skeptizismus gegen die angemaßten Überwindungen desselben durch Kant und Reinhold veröffentlicht hatte.[20] Schulze war sehr scharfsinnig, seine präzisen und gewichtigen Einwände konnten nicht leichthin übergangen werden. Auf Fichtes bedeutende Rezension dieses Buches wird zurückzukommen sein.

In seiner Kritik der Kantischen Subjektivitätstheorie unterstellt Schulze-Aenesidemus, daß das Gemüt nicht Phänomen sein könne (da es sonst kein Quell von Notwendigem sei), und untersucht deshalb die drei Fälle, daß es Ding an sich (ebd. 116 ff.), Noumenon (ebd. 120 f.) oder transzendentale Idee (ebd. 121 f.) ist. In allen drei Fällen aber werde die Kantische Theorie inkonsistent. Alles, was die Vernunftkritik gegen die rationale Psychologie, Kosmologie und Theologie vorbringe, gelte ebenso gegen die Ableitung des Notwendigen in unserer Erkenntnis aus dem Gemüt (ebd. 128). Angesichts solcher Einwände wie auch der Vorhaltung, daß Kant niemals deutlich sage, was dieses Gemüt denn eigentlich sei (ebd. 125), mußten diejenigen, die wie Fichte überzeugt waren, daß Kants revolutionäre Gedanken dennoch wahr seien, auf Abhilfe sinnen. Wir werden sehen, auf welche Weise Fichte seiner Theorie von nicht-empirischer, nicht-psychologischer Subjektivität Konsistenz zu geben versucht.

Noch viele andere Schwierigkeiten der Kantischen Philosophie sind damals ausführlich diskutiert worden. Etwa beruht die Unterscheidung von Phänomena und Noumena, von der für sie Grundsätzliches abhängt, auf der These von der Idealität von Raum und Zeit, die Kant in seiner „transzendentalen Ästhetik" zu rechtfertigen sucht. Die Argumente, die er hier vorbringt, sind wegen ihrer für das ganze System fundamentalen Bedeutung von Anfang an immer wieder interpretiert und überprüft worden; viele scharfsinnige und gründliche Einwendungen gegen sie wurden vorgebracht. Aber auch die Art, wie Kant die Möglichkeit von Erfahrung durch die Anwendung apriorischer Kategorien auf gegebene sinnliche Anschauungen sichern möchte, ist attackiert worden.

Fichte hat diese Diskussionen genauestens verfolgt. Seine Einstellung zu all den angerissenen Fragen war im wesentlichen, daß einerseits Kants Position von den Einwendungen nicht entscheidend getroffen werde, sondern ihr Recht behalte, – daß aber andererseits Kants Darstellung seiner neuen Einsichten noch so viele Unzulänglichkeiten an sich habe, daß die Fülle der Einwände und oftmals sogar ihre Plausibilität nicht verwunderlich sei. In einem Brief vom Dezember 1793 heißt es: „Kant hat überhaupt die richtige Philosophie; aber nur in ihren

Resultaten, nicht nach ihren Gründen." (GA III, 2, 28) Was bei dieser Lage zu tun ist, liegt auf der Hand: die richtigen Resultate durch eine Darstellung der Gründe zu ergänzen, um so der guten Sache zum Sieg zu verhelfen. Wir werden nun zusehen, wie Fichte dies unternimmt.

4. Die Genese der Wissenschaftslehre

Im Winter 1793/94 hat Fichte in Zürich vor einem Kreis von Privatleuten Vorlesungen über Philosophie gehalten. In dieser Zeit ist er auf sein neues Prinzip gestoßen. Beginnen wir mit dem anschaulichen Bericht, den Fichtes Enkel Eduard später gegeben hat: „Hier sei... einer Mitteilung erwähnt, welche er später in Freundeskreisen machte, daß er damals, über das höchste Prinzip der Philosophie lange und anhaltend meditierend, wie mit einer plötzlich ihn ergreifenden Evidenz, während er am warmen Winterofen stand, von dem Gedanken ergriffen worden sei, nur das Ich, der Begriff der reinen Subjekt-Objektivität, könne das höchste Prinzip sein." (GA II, 3, 11; ähnliche Berichte gibt es von Steffens und Baggesen) In einem schon erwähnten Brief an Stephani vom Dezember 1793 schreibt er hochgestimmt: „Freuen Sie sich mit mir der Ernte: ich habe ein neues Fundament entdeckt, aus welchem die gesamte Philosophie sich sehr leicht entwickeln läßt." (GA III, 2, 28) Ende 1793 hat Fichte also die entscheidende Einsicht gehabt; die Bezeichnung „Wissenschaftslehre" für das neue System stammt wohl vom März 1794.

In den zuerst in der Gesamtausgabe aus dem Nachlaß herausgegebenen *Eignen Meditationen über Elementar-Philosophie* (GA II, 3, 21–177) können wir die Entstehung der neuen Konzeption in statu nascendi verfolgen. Es handelt sich hier um Entwürfe und Notizen, in denen Fichte um die neue Sache ringt und seine Gedanken zu klären versucht. Diese sich oft korrigierenden oder wiederholenden Notizen können hier nicht näher dargestellt werden, obwohl in ihnen Entscheidendes geschieht. So findet sich schon hier die Terminologie von „Ich" und „Nicht-Ich", von der noch die Rede sein wird. Gegenüber Kant ist vor allem wichtig, daß nun Identität und Gegensatz sich als die Grundkategorien des Denkens herauszubilden beginnen.

Fichte sagt z. B.: „Verschieden heißt nicht entgegengesetzt, aber auch nicht identisch, mithin identisch, insofern es nicht entgegengesetzt ist, und entgegengesetzt, insofern es nicht identisch ist. Denn wir haben ursprünglich nichts, als diese beiden Begriffe, und diese können wir nur durch Negation und Affirmation variieren." (ebd. 33)

Kants Philosophie operiert noch mit den Urteilsformen – bzw. mit der Form des elementaren Urteils, dem Verhältniswörtchen „ist" (KRV B 141 f.) – als den logischen Grundkategorien. Sie steht dadurch unserem heutigen sprachanalytisch geschulten Denken nahe, das ebenfalls diese Formen für *die* logischen Grundformen hält. Identität und Differenz (oder Gegensatz) gelten demgegenüber als höherstufige Prädikate. Die Frage „Was ist der Unterschied zwischen a und b?" setzt voraus, daß a und b überhaupt Prädikate haben. Man kann nur unterscheiden, wenn man zuvor prädiziert hat. In der Kantischen Philosophie wird dem entsprochen.

Die späteren Idealisten dagegen nahmen Identität und Differenz als die elementaren logischen Formen; ihre Dialektik beruht auf dieser Prämisse. Fichte sagt an der zitierten Stelle „Denn wir haben ursprünglich nichts, als diese beiden Begriffe" (Identität und Gegensatz) – dies ist die neue Position. Tugendhat hat die Hegelsche Dialektik wegen des Mißbrauchs dieser Kategorien kritisiert.[21] Fichte ist sich wahrscheinlich nicht im klaren darüber gewesen, daß er gerade mit der Einführung dieser Kategorien als der grundlegenden in einem wesentlichen Punkt Abschied von Kant nimmt.

In den gleichen Wintermonaten entstand Fichtes bedeutende Rezension des schon erwähnten Buches von Schulze-Aenesidemus (GA I, 2, 41–67 / FW I, 1–26). Diese Rezension erschien 1794 in der Jenaer *Allgemeinen Literaturzeitung*; in ihr kamen also zuerst die neuen Gedanken an die Öffentlichkeit. Fichte geht die Einwände gegen Reinhold und Kant der Reihe nach durch; dabei läßt er bisweilen durchblicken, daß sie gegen diese nicht unberechtigt sind. Eben dies ist es ja, was dazu nötigt, der wahren Philosophie endlich die wahren Gründe nachzuliefern. Aus Briefen Fichtes aus dieser Zeit geht hervor, welch große

Bedeutung er diesen Einwänden beigelegt hat, sie haben ihm sogar „Kant verdächtig gemacht" und ihn genötigt, „von neuem aufzubauen" (GA III, 2, 28 bzw. 18).

Reinhold hatte die Forderung aufgebracht, daß eine Philosophie, die wissenschaftlich sein soll, aus einem einzigen obersten Grundsatz entwickelt werden müsse. Er hatte aber auch in seinem großen Werk von 1789 *Versuch einer neuen Theorie des menschlichen Vorstellungsvermögens* selbst einen Kandidaten für diese Stelle vorgeschlagen. Er hält den Begriff der Vorstellung für den grundlegenden, da er auch in jedem Erkenntnisbegriff vorausgesetzt und die Vorstellung die eigentliche Mitte zwischen Subjekt und Objekt sei. Deswegen sein „Satz des Bewußtseins": „Die Vorstellung wird im Bewußtsein durch das Subjekt vom Objekt und Subjekt unterschieden und auf beide bezogen".[22] Dieser Satz soll nach Reinhold der Grundsatz sein. Fichte dagegen hält den Begriff der Vorstellung nicht für den ursprünglichsten und glaubt folglich auch nicht, daß dieser Satz der Grundsatz sein kann.

Wie im vorigen Abschnitt erwähnt, war Reinhold der Auffassung, daß dieser Satz sich in seinem Sinn selbst bestimmt, daß er also nicht anders als korrekt verstanden werden kann. Aenesidemus hebt deswegen die Zweideutigkeiten und Unbestimmtheiten der in ihm verwandten Begriffe hervor. Wieder gibt Fichte dieser Kritik Recht, zieht daraus aber die Folgerung, die wahrhaft sich selbst bestimmenden Begriffe seien andere. Die formale Seite der Reinholdschen Gedanken wird also akzeptiert, nur die inhaltliche Auffüllung nicht, die sie bei ihm erfährt. Fichte schreibt: „Wie nun, wenn eben die Unbestimmtheit und Unbestimmbarkeit dieser Begriffe (der in Reinholds Grundsatz vorkommenden, P. R.) auf einen auszuforschenden höhern Grundsatz, auf eine reale Gültigkeit des Satzes der Identität und der Gegensetzung hindeutete; und wenn der Begriff des Unterscheidens und Beziehens (die ja in Reinholds Satz vorkommen, P. R.) sich nur durch die der Identität und des Gegenteils bestimmen ließe?" (GA I, 2, 44 / FW I, 6) Für Fichte sollen nun diese Begriffe der Identität und ihres Gegenteils die Elementarbegriffe sein, die sich selbst bestimmen. Denn daß es solche Begriffe geben muß, steht für ihn fest. Die Philosophie bedarf eines Fundamentes im Sinne von Reinhold; die Kritik von Aenesidemus zwingt aber dazu, ein anderes zu suchen, als jener gelegt hatte.

Weiterhin hatte Aenesidemus gegen den Satz Reinholds eingewandt, daß er auf psychologischen Erfahrungen beruhe und eine Generalisierung auf deren Basis sei, also keine andere Zuverlässigkeit bieten könne, als sich sonst bei irgendwelchen Erfahrungen findet. Was sich auf ein Faktum und dessen Erörterung gründe, könne nicht apodiktisch und unveränderlich gewiß sein; es sei (wie man heute sagen würde) „fallibel".

Fichte gesteht dies wieder zu: alles Vorstellen ist eine empirische Bestimmung des Gemüts, alle Reflexion über das Bewußtsein hat empirische Vorstellungen zum Objekte. Daraus folgt für ihn aber nicht, daß jede Theorie von Subjektivität den Status empirischer Psychologie haben muß, sondern daß es etwas hinter diesen Vorstellungen geben muß. Er nennt es eine „notwendig zu denkende Handlungsweise des Gemüts, um eine Vorstellung hervorzubringen" (ebd. 48/9), und sagt dazu: „Das absolute Subjekt, das Ich, wird nicht durch empirische Anschauung gegeben, sondern durch intellektuelle gesetzt." (ebd. 48/10)

Damit liegen einige der zentralen Gedanken der Fichteschen Konzeption vor: Hinter dem empirischen Ich – hinter dem Gemüt und seinen Vorstellungen – gibt es ein nicht empirisch zugängliches „absolutes Subjekt"; auf es bezieht sich keine empirische, sondern eine intellektuelle Anschauung. Dies sind keine selbstverständlich evidenten Thesen. Der Kontext der Rezension zeigt, worin Fichte die Begründung sieht: Die Überzeugungen, daß es einen höchsten Punkt der Philosophie geben muß, daß dieser im Subjekt liegen muß, daß daraus aber nicht folgen kann, Philosophie sei ein Stück empirischer Psychologie, erzwingen zusammengenommen seine Lösung. Schon zu Reinholds Satz des Bewußtseins heißt es – obwohl Fichte ja zugesteht, daß er sich auf empirische Selbstbeobachtung gründet –: „Freilich fühlt jeder, der diesen Satz wohl versteht, einen inneren Widerstand, demselben bloß empirische Gültigkeit beizu-

41

messen." (ebd. 46/8) Als sichere Prämisse für Fichte gilt, daß nicht alles Wissen über Subjektivät empirisch sein kann. Der Vorwurf von Aenesidemus gegen Reinhold andererseits, dessen Theorie der Vorstellung sei lediglich empirisch fundiert, läßt sich nicht von der Hand weisen. Als Ausweg bietet sich an, daß es hinter den empirischen Bestimmungen des Gemüts eine elementarere Subjektivität gibt. Anders läßt sich der Kritik von Aenesidemus nicht entgegentreten.

Die von der empirischen Selbstbeobachtung unterschiedene Zugangsweise zu dieser fundamentalen Subjektivität bezeichnet Fichte als „intellektuelle Anschauung". Es ist klar, daß die Annahme einer solchen Anschauung nun notwendig wird: eine überhaupt zugängliche, aber nicht empirisch zugängliche Subjektivität muß eben nicht-empirisch zugänglich sein. An sich ist die Annahme einer solchen Anschauung schon unvermeidlich, wenn es überhaupt synthetische Urteile a priori geben soll, denn es muß dann ja die Möglichkeit bestehen, auch nicht-diskursiv und nicht-deduktiv über den Wahrheitswert solcher Sätze zu entscheiden. Wie Fichte im Anschluß an Jacobi betont: Vor den demonstrierbaren Gewißheiten muß es undemonstrierbare geben.

Die Tätigkeit dieser elementaren, nichtsinnlichen Subjektivität bezeichnet Fichte als „Setzen". Dies ist ein für Fichte charakteristischer, schwer zu deutender Ausdruck. Negativ ist klar: es kann nicht das „Vorstellen" sein, das ja eine „empirische Bestimmung des Gemüts" ist. Es kann auch keine Kausalbeziehung sein, denn ein Vorwurf von Aenesidemus gegen Kant ist, daß dieser bei der Analyse des Verhältnisses von Vorstellungsvermögen und Vorstellung von dieser Kategorie Gebrauch mache, ehe dieser gerechtfertigt sei – so daß die Rechtfertigung zirkulär werde. – Was das „Setzen" positiv ist, ist schwer zu sagen. Zu dem dem empirisch zugänglichen Gemüt vorgängigen „absoluten Subjekt" muß eine eben solche Tätigkeit gehören, die intuitiv als solche evident ist, ohne daß eine weitere Analyse möglich wäre. Fichte wird dafür immer wieder an das Freiheitsbewußtsein appellieren, er gibt aber keine Analyse des „Setzens".

Diese ganze Konzeption darf insofern als Konsequenz des Kantischen Ansatzes verstanden werden, als anderweitig kaum dem Einwand von Aenesidemus entgegengetreten werden könnte, die Zurückführung bestimmter Momente von Erfahrung auf subjektive Vermögen sei ein Stück empirischer Psychologie, als solches fallibel, mache an vielen Stellen von der Kausalkategorie Gebrauch, bevor dieser gerechtfertigt sei, und könne jedenfalls nirgendwo apriorische Notwendigkeit sicherstellen. Aenesidemus hatte aus solchen Gründen geschlossen, der Sieg Kants über Hume sei „angemaßt"; in Wahrheit sei der Humesche Skeptizismus unüberwunden. Fichte will demgegenüber die Aprioritätsansprüche rechtfertigen. Eine nicht empirische Theorie von Subjektivität verlangt konsequenterweise ein Subjekt, das Gegenstand einer solchen Theorie sein kann (also ein nichtsinnliches), sowie eine Tätigkeit desselben, die nicht lediglich wie das Vorstellen eine empirische Bestimmung des Gemüts ist.

Ein weiterer Einwand von Aenesidemus gegen Kant war, daß selbst dann, wenn man das Kausalprinzip als gültig zugestehe, bevor es bewiesen sei, gar nicht gezeigt sei, daß *nur* das Gemüt als Ursache der synthetischen Urteile a priori in Frage komme. Denn erstens beweise das Bewußtsein der Notwendigkeit keinen Ursprung im Gemüt; zweitens könne man, wenn die Dinge an sich unbekannt seien, nicht wissen, was sie wirken könnten; und drittens sei die Ableitung der Notwendigkeit aus dem Gemüt ebenso unbegreiflich wie die aus den Dingen an sich.

Zu diesem Einwand muß Fichte sich über die Möglichkeit von Wirkungen von Dingen an sich äußern. Wenn man solche überhaupt zuläßt, behält Aenesidemus recht. Deswegen schreibt Fichte: „Wenn die Dinge an sich, unabhängig von unserem Vorstellungsvermögen, in uns gar keine Bestimmungen hervorbringen können, so können wir sehr wohl wissen, daß sie die in uns wirklich vorhandenen Bestimmungen nicht hervorgebracht haben." (ebd. 55/14) Und weiter: „Aber die Frage ist ja eben von einem Übergange von dem Äußeren zum Inneren, oder umgekehrt. Es ist ja eben das Geschäft der kritischen Philosophie, zu zeigen, daß wir eines Überganges nicht bedürfen;

daß alles, was in unserem Gemüte vorkommt, aus ihm selbst vollständig zu erklären und zu begreifen ist." (ebd. 55/15)

Daß alles, was im Gemüt vorkommt, vollständig aus ihm selbst zu erklären sein soll, ist eine weitere zentrale These Fichtes. Er nimmt nicht nur überhaupt hinter dem empirischen Ich ein spontanes nichtsinnliches an, sondern setzt dies auch „absolut" in diesem Sinne: Es ist vollständig aus sich erklärbar. Um die Vorkommnisse im Gemüt zu erklären, ist es nicht nötig, aus ihm herauszugehen.

Für das normale Verständnis ist dies eine schwer zumutbare These: Allzu offen scheint auf der Hand zu liegen, daß vieles in unserem Gemüt nur erklärt werden kann, wenn man außer diesem selbst auch seine Umwelt einbezieht: Die Hitzeempfindung geht auf eine Flamme zurück, die nicht ihrerseits wieder im Gemüt ist, usw. Diesen Realismus unterstellt auch Aenesidemus bei seinen Attacken auf die Kantische Philosophie. Fichte war der Überzeugung, diese lasse sich nicht mehr verteidigen, wenn man jene Unterstellung zugebe. Schon Leibniz war der Auffassung, daß die inneren Zustände eines vorstellenden Wesens, einer „Monade", ausschließlich aus ihm selbst erklärt werden müßten. Für ihn war dabei ausschlaggebend, daß eine kausale Wechselwirkung zwischen einem solchen Wesen und einer ihm äußerlichen Umwelt begrifflich unmöglich sei. Wir werden sehen, wie auch Fichte auf diesen Grund zurückkommt. Schon jetzt heißt es unzweideutig, daß „der Gedanke von einem Dinge, das an sich, und unabhängig von irgendeinem Vorstellungsvermögen, Existenz und gewisse Beschaffenheiten haben soll, eine Grille, ein Traum, ein Nicht-Gedanke ist" (ebd. 57/17).

Fichtes entscheidende inhaltliche Thesen sind also:

1. Dem empirisch zugänglichen Gemüt liegt zugrunde ein elementareres nichtsinnliches Ich, von dem man in intellektueller Anschauung weiß und das als setzend tätig ist.

2. Alles, was in unserem Gemüt vorkommt, ist vollständig aus ihm selbst zu erklären und zu begreifen (unter Rückgriff auf das elementare nichtsinnliche Subjekt).

Damit sollen die verschiedenen gegen die Kantische Philosophie vorgebrachten Einwände entkräftet werden: daß sie darauf hinauslaufe, Philosophie auf empirische Psychologie, auf „Tatsachen des Bewußtseins" zu stützen; daß sie feste Dualismen unreflektiert voraussetze; daß sie bezüglich ihrer Annahmen über das Ding an sich inkonsistent sei; daß sie den Status von Subjektivität nicht konsistent beschreiben könne. Fichtes Gründe für seine Konzeption sind, daß auf andere Weise als mit seinen Thesen die Kantische Philosophie nicht verteidigbar sei.

Als dritte entscheidende These kann man die formale nennen, daß die Philosophie auf einen obersten Grundsatz gebaut werden müsse. In der Rezension nennt er es Reinholds „unsterbliches Verdienst", hierauf aufmerksam gemacht zu haben.

Die formale Seite der Philosophie wird dann in der nächsten Schrift *Über den Begriff der Wissenschaftslehre* (GA I, 2, 91–172 / FW I, 27–81) thematisiert, die noch in Zürich vor der Abreise nach Jena vollendet wurde und im Mai 1794 erschien. Diese Schrift – ein Pendant zu Reinholds *Über das Fundament des philosophischen Wissens* von 1791 – behandelt das Wesen von Philosophie selbst, ihre Logik und Methode. Kant wird bis heute von manchen Autoren die „Irreflexivität"[23] seiner Philosophie vorgeworfen: daß in ihr trotz der „transzendentalen Methodenlehre" ihr eigenes Vorgehen nicht befriedigend geklärt werde. Der andauernde Streit um das richtige Verständnis dieser neuen Philosophie sowie darum, was da nun wirklich bewiesen sei, mußte auf diese Seite die besondere Aufmerksamkeit lenken.

Fichtes Ausgangspunkt ist, daß Philosophie Wissenschaft sein muß. Dazu gehören die systematische Form und – dies ist vor allem wichtig – Gewißheit des Fundaments. Ausgeschlossen wird also ein Verständnis von Philosophie, nach dem diese lediglich in fallibilistisch-hypothetischen Vermutungen bestehen würde; ausgeschlossen wird auch ein holistisches Konzept, in dem das Einzelne seine Gewißheit durch das Ganze bekommt. Reinhold hatte gleichsam in den Kantianismus ein cartesisches Moment eingeführt: das Postulat eines unerschütterlichen Fundamentes. Fichte akzeptiert dies, und wie schon erwähnt, folgt er Reinhold auch darin, „daß in einer Wissenschaft nur Ein Satz sein kann, der vor der Verbindung (mit anderen

Sätzen, P. R.) vorher gewiß und ausgemacht ist" (ebd. 115/41). Durch eine reductio ad absurdum der gegenteiligen These sucht er dies zu beweisen. Seine Argumente zeigen, daß sein Verständnis für eigentlich logische Fragen nicht sehr groß war.

Fichtes Preis für seinen Fundamentalismus war, daß er die vielen konkreten Argumente und Einsichten, mit denen Kant seine Theorie insgesamt abstützt, nicht mehr vorbringen konnte. Alle intuitive Evidenz für seine Gedanken mußte auf einen einzigen Punkt konzentriert werden, im übrigen mußte der Anspruch korrekter Deduktionen erhoben werden. Aber dieser Anspruch war nicht zu erfüllen und jener Punkt isoliert für sich allein nicht befriedigend evident zu machen. Das methodische Konzept gibt so seiner Philosophie den Anschein des Willkürlichen, durch selbstherrliche Machtsprüche Entschiedenen. In Wirklichkeit hat sie viel bessere Argumente für sich. Die besseren Argumente können jedoch durch seine Methodologie gar nicht repräsentiert werden; in dem Schema von einem einzigen Grundsatz und korrekten Deduktionen daraus können sie nirgendwo erscheinen. So sehr es also verdienstlich gewesen ist, gegenüber der Irreflexivität der Kantischen Philosophie auf die logische Struktur von Philosophie selbst zu reflektieren, – der eingeschlagene Weg hat in die Irre geführt.

Fichte benutzt diese Reflexivität sogar zur Definition von Philosophie. Er bestimmt sie als „Wissenschaftslehre", d. h. als „Wissenschaft von der Wissenschaft überhaupt", weil in ihr die Frage beantwortet werde, wie Wissenschaft selbst möglich sei. Die Philosophie ist diejenige Wissenschaft, in der die Frage nach dem Grund unseres Wissens – auch nach dem Grund des philosophischen Wissens selbst – beantwortet werde. Der Ausdruck „Wissenschaftslehre" ist dann zur üblichen Bezeichnung der Grunddisziplin von Fichtes Philosophie geworden; er ist also im historischen Sinn für Fichte eigentümlich.

Für Fichte soll die Philosophie nicht nur selbst Wissenschaft sein, sondern außerdem auch Basis aller anderen Wissenschaften. Letztlich soll also alles Wissen überhaupt auf demselben einen Fundament ruhen. Einem modernen Philosophen wie Habermas gilt Philosophie lediglich als „Platzhalter und Interpret".[24] Ein Interpret redet erst, nachdem andere geredet haben. Für Fichte hat die Philosophie noch das unbedingt erste Wort; unabhängig von ihr gibt es gar kein Wissen. Es heißt sogar, „daß alles, was Satz irgendeiner Wissenschaft sein soll, schon in irgendeinem Satze der Wissenschaftslehre enthalten, und also schon in ihr in seiner gehörigen Form aufgestellt sei" (ebd. 123/51). Fichte sieht das gesamte mögliche menschliche Wissen als ein einziges einheitliches System an, bei dem deswegen alles an einem einzigen Ring festhängt, „der an nichts befestiget ist, sondern durch seine eigene Kraft sich und das ganze System hält" (ebd. 125f./54). Ohne solch einen einheitlichen ersten Grundsatz aber wäre unser Wissen ein „Aggregat von Kammern, aus deren keiner wir in die andere übergehen könnten" (ebd. 125/53). Auch in diesem Punkt hat die methodologische Reflexion in die Irre geführt; das Verhältnis von philosophischem und sonstigem Wissen ist so zwar sehr anspruchsvoll, aber falsch bestimmt. Bei Fichtes Nachfolgern sind im Anschluß an solche Überlegungen die Ansprüche des philosophischen Wissens noch mehr und bis ins Hybride gewachsen, was dann später im 19. Jahrhundert eine antiphilosophische Reaktion auslösen sollte.

5. Die Wissenschaftslehre 1794/95

Das Buch *Grundlage der gesamten Wissenschaftslehre* (GA I, 2, 173–461 / FW I, 83–328) von 1794/95 ist Fichtes Hauptwerk geblieben. Dies ist ein für seine Philosophie keineswegs sehr glücklicher Umstand. Anläßlich der Berufung nach Jena entstand das Buch sehr übereilt, ohne daß die neue Konzeption ausreifen konnte. Es wurde bogenweise für die Studenten gedruckt. Jeder Autor weiß, wie unerläßlich es ist, ein Buch nach Beendigung noch einmal zu überarbeiten. Fichte konnte das nicht. Der dritte Teil, der 1795 erschienen ist, enthält schon eine in wichtigen Punkten gegen die der beiden ersten Teile veränderte, weiterentwickelte Position. Auch endet das Buch eher beiläufig, nicht mit einem sinnvollen Abschluß. Mit der unmittelbar nachgeschobenen kleinen Schrift *Grundriß des Eigentümlichen der Wissenschaftslehre* (1795; GA I, 3, 129–208 / FW I, 329–411) steht es ähnlich. Sie bringt einige Ergänzungen, aber keine Abrundung und keinen Abschluß. Schon drei Jahre später hat Fichte in Vorlesungen eine wesentlich ausgereiftere, der Gesamtkonzeption ungleich angemessenere Version seiner Philosophie vorgetragen. Diese Fassung wurde aber erst 1937 aus Vorlesungsnachschriften publiziert; sie konnte also zu Fichtes Zeit nicht wirken. Seine Gedanken lagen öffentlich nur in einer Form vor, die nicht optimal war und das Verständnis erschweren mußte.

Fichte selbst war dies nicht unbekannt. In Briefen – z.B. an Reinhold vom 2. Juli 1795 – berichtet er anschaulich von der überstürzten Abfassung des Textes und relativiert deswegen das Geschriebene gegenüber dem Angeschauten und dem Gedachten, der inneren Konzeption. Freilich, auch das sagt Fichte dort: „Der Schriftsteller soll das Richtige *sagen*; sein *Denken* allein hilft uns nicht." (GA III, 2, 347) Er nennt dort als die einzige Aussicht, die ihn erschüttern könne, die, zu sterben, ohne eine Darstellung der Wissenschaftslehre geliefert zu haben.

Die aus Nachschriften edierte *Wissenschaftslehre nova methodo* von 1798/99, die ich für die beste Darstellung seiner Philosophie halte, möchte ich im folgenden Abschnitt ausführlich betrachten. Da aber die Schrift von 1794/95 das Hauptwerk geblieben ist, kann sie nicht übergangen werden. Mit ihr wollen wir uns in diesem Abschnitt befassen.

Das Werk hat drei Teile. Der erste Teil enthält die „Grundsätze der gesamten Wissenschaftslehre", der zweite die „Grundlage des theoretischen Wissens", der dritte die „Grundlage der Wissenschaft des Praktischen". Schon diese konventionelle Gliederung wird ihre Gültigkeit bei der nächsten Fassung verlieren.

Zunächst also zu den Grundsätzen. Nach der Aenesidemus-Rezension wissen wir, was wir zu erwarten haben. Es geht um einen einzigen obersten Grundsatz, auf den die ganze Philosophie gebaut werden soll – Reinholds Erbe (über die beiden abgeleiteten Grundsätze später). Dieser Grundsatz muß Subjektivität betreffen – Kants Erbe. (Es sei noch einmal an die schon zitierte Briefstelle erinnert, wo es heißt, daß Kant und Reinhold etwas in die Menschheit gebracht hätten, was ewig in ihr bleiben werde, – jener, daß man von der Untersuchung des Subjekts ausgehen, dieser, daß sie aus einem Grundsatz geführt werden müsse.) Dieser Grundsatz darf nicht eine Generalisierung empirisch-psychologischer Erfahrungen sein (sonst würde Aenesidemus Recht behalten), er muß also von nichtsinnlicher Subjektivität handeln; er darf nicht wie Reinholds höchster Satz das Vorstellen zum Gegenstand haben, das eine Bestimmung des empirischen Gemüts ist, sondern muß eine diesem notwendig vorauszudenkende nichtsinnliche Tätigkeit betreffen, für die Fichte den Ausdruck „Setzen" benutzt. So kommt Fichte zu einer Formulierung wie „Das Ich setzt ursprünglich schlechthin sein eigenes Sein" (a. a. O. 261/98).

Was ist das „Ich", das dies tun soll? Das Pronomen „ich" wird als Variable benutzt, mit der sich ein Sprecher auf sich selbst bezieht. Um zu wissen, wer gemeint ist, muß man wissen, wer spricht. An dies Pronomen knüpft Fichte an, substantiviert den Ausdruck aber. Er meint nicht sich als Sprecher (wie etwa, wenn er die Vorrede anfängt „Ich würde vor diesem Buche ...", ebd. 251/86), sondern etwas anderes. Die wesentliche Frage ist, ob das Ich, das sein Sein setzen soll, etwas Individuelles ist – so daß es so viele Iche gibt wie Menschen (so dachte man traditionellerweise von der „Seele": jeder hat eine eigene); oder ob es etwas überindividuell Einzigartiges ist, etwas, von dem es nicht mehrere geben kann. Fichte ist da zunächst nicht ganz eindeutig. Schelling sollte ihm später Wendungen wie „eines jeden Ich" vorhalten,[25] die den Eindruck machen, als sei das Ich etwas Individuelles. Wir werden aber noch Stellen kennenlernen, an denen Fichte explizit sagt, das absolute Ich sei etwas Überindividuell-Einziges.

Damit vermehren sich die Probleme. Man könnte von vornherein den Verdacht haben, die Theorie handle von blanken Chimären, weil es so etwas nicht gebe. Nun ist Fichte nicht der erste, der etwas derartiges annimmt. Der höchste Nus (Vernunft) der aristotelischen Psychologie ist mindestens von manchen Auslegern als etwas wesentlich Einziges verstanden worden. Und wenn Kant z. B. von der „reinen praktischen Vernunft" spricht, dann unterstellt auch er erstens, daß es sie gibt, und zweitens, daß sie in nicht-kontingenter Weise eine einzige ist. Derartige Auffassungen muß man als Hintergrund für Fichtes Philosophie im Auge haben.

Auf Kant verweist Fichte selbst: „Auf unseren Satz, als absoluten Grundsatz alles Wissens hat gedeutet Kant in seiner Deduktion der Kategorien." (ebd. 262/99) Kant stellt dort dem „Fluß der inneren Erscheinungen" ein nichtsinnliches „stehendes und bleibendes Selbst" gegenüber, das der Angelpunkt von Apriorität und damit aller objektiven Gültigkeit ist. Sofern dieses Selbst als nichtsinnlich und überindividuell, als „Bewußtsein überhaupt" zu begreifen ist, kann Fichte zu Recht darauf verweisen. Ein wesentlicher Unterschied bleibt dennoch: Kant betrachtet dieses Selbst zwar als „höchsten Punkt" (KrV B 134), aber keineswegs die Sätze über es als Grundsätze seiner Theorie, obwohl er an dieser Stelle sagt, auch die Transzendentalphilosophie sei an diesen Punkt zu heften. Für Kant fällt der höchste Punkt in den behandelten Sachen nicht mit einem Grundsatz der eigenen Theorie zusammen. Nach Fichtes Methodologie aber muß beides identisch werden.

Die Schwierigkeit für Fichte ist nun aber, daß die Annahme eines solchen überindividuellen absoluten Ich keineswegs als selbstverständlich und evident gelten kann. Sie liegt weder im unmittelbaren Selbstbewußtsein noch im intuitiven Freiheitsbewußtsein. Bei Fichte aber soll sie am Anfang stehen, als ein Satz, der seine Gewißheit unabhängig von der Verbindung mit anderen Sätzen haben soll. Das ist der Preis, den Fichte für sein Reinhold'sches Erbe zu zahlen hat. Die Möglichkeiten, den eigenen Ansatz intuitiv evident zu machen, werden dadurch stärker eingeschränkt, als von der Sache her notwendig ist. Die Details der Argumentation in § 1 sind sehr unzulänglich und überzeugen wohl niemanden. Mit diesem Punkt hat Fichte immer zu kämpfen gehabt; sein Vorgehen erzeugt den Anschein großer Willkür.

Am ehesten kann man für diesen Ansatz Verständnis gewinnen vom Problem der Intersubjektivität aus. Wenn eine kausale Einwirkung einer unabhängigen Realität auf das Ich ausgeschlossen wird, ergibt sich das Problem der intersubjektiven Übereinstimmung der vielen Subjekte. Leibniz nimmt, um die vorstellenden Wesen aufeinander abzustimmen, eine von Gott eingerichtete „prästabilierte Harmonie" an. Bei Fichte gibt es eine solche im wesentlichen nicht (obwohl später Anklänge auftreten; vgl. unten S. 130). An deren Stelle tritt diese überindividuelle Instanz. Es gibt hier also keine von Gott gemachte Gleichschaltung vieler Subjekte, sondern eine wirkliche Identität an der Wurzel von allen. Dadurch wird ermöglicht, daß nicht jedes Ich seine eigene Welt hat, sondern alle eine identische. Eine prästabilierte Harmonie – und überhaupt ein aufeinander abgestimmtes gesetzmäßiges Verhalten vieler vorstellender Wesen – führt auch nur zu Gleichartigkeit, nicht zu Identität. Jedes Wesen bleibt in seiner Welt; Korrelationen zwischen den Welten sind grundsätzlich nicht feststellbar, da jedes Wesen, das etwas feststellen könnte, in seine Welt eingeschlossen ist und eine andere damit nicht vergleichen kann. Das Postulat, daß im Ich alles aus ihm selbst erklärbar sein soll, erzwingt also um der Intersubjektivität willen die Annahme eines identischen Momentes an der Wurzel aller Subjekte.

Auch die Kantische Position tut dies. Ihr zufolge sollen z. B. Raum und Zeit „nur in uns" sein. In wem aber sind sie? Da nicht jeder einen eigenen Raum und eine eigene Zeit hat, sondern es Raum und Zeit nur einmal gibt, müssen sie als dieselben in allen Subjekten sein. Wenn man auf den Unterschied zwischen Identität und Gleichartigkeit aufmerksam ist und den Übergang dazwischen nicht erschwindelt, sieht man, daß sie folglich nicht in den vielen empirischen Subjekten als solchen sein können, die ja selbst raumzeitlich begrenzte Entitäten sind.

Die Annahme eines überindividuellen Ich und die Annahme, daß etwas als streng dasselbe in verschiedenen Individuen ist, unterscheiden sich voneinander nicht; das überindividuelle Ich steht nur für die Möglichkeiten, daß dasselbe in vielen (oder allen) Subjekten ist. Für eine idealistische Konzeption, die alles aus dem Ich erklären will, ist sie unvermeidlich. Dieses Überindividuelle ist gleichsam die innere Wurzel von Subjektivität; wenn im einzelnen Gemüt etwas durch Rekurs darauf erklärt wird, ist das eine Erklärung von innen, nicht eine von außen. Obwohl also durchaus über das einzelne empirische Bewußtsein hinausgegangen wird, ist das kein Hinausgehen der Art, wie es vermieden werden soll.

Das Ich, das setzt, ist also eine überindividuelle, nichtsinnliche Instanz, von der man nicht empirisch weiß, sondern in intellektueller Anschauung. Ihre Tätigkeit, das Setzen, bezeichnet Fichte auch als diejenige „Tathandlung", „die unter den empirischen Bestimmungen unseres Bewußtseins nicht vorkommt, noch vorkommen kann, sondern vielmehr allem Bewußtsein zum Grunde liegt, und allein es möglich macht" (ebd. 255/91). Daß sie unter den empirischen Bestimmungen des Gemüts nicht vorkommt, versteht sich nach dem Gesagten von selbst. Fichte will den nicht-psychologischen Status der eigenen Theorie sicherstellen. Diesen Sinn hat auch, wenn er diese „Tathandlung" (eine Fichte eigentümliche Prägung) den „Tatsachen des Bewußtseins" entgegensetzt. Gemeint sind empirisch-psychologisch in Selbstwahrnehmung feststellbare Tatsachen. Meist spricht Fichte von „Tatsachen des empirischen Bewußtseins" (ebd. 258/94).

Der Ausdruck „Tathandlung" meint aber noch etwas Weiteres: die Identität von Tat und Handlung (ebd. 259/96), in der Tätiges und Produkt der Tätigkeit zusammenfallen. Die nichtsinnliche Tätigkeit hat eine essentiell reflexive Struktur. Wie es weiter heißt: „Sich selbst setzen, und Sein, sind, vom Ich gebraucht, völlig gleich" (ebd. 260/98). Das Sein des nichtsinnlichen Ich geht nicht seinem Tätigsein voraus, sondern besteht ausschließlich in diesem. Heutzutage könnte man als erläuternde Analogie ein Teilchen mit der Ruhemasse 0 heranziehen. Ein solches Teilchen ist nur, indem es sich bewegt; aber es bewegt sich lediglich. Das Ich bewegt sich nicht nur, sondern ist tätig; aber in ähnlicher Weise ist es nur, indem es tätig ist. Ein untätiges Ich wäre wie ein bewegungsloses Photon gar nichts mehr. Wegen dieser strengen Reflexivität nennt Fichte diese Tathandlung die „einzig mögliche".

Für Kant war das empirische Ich Erscheinung, d. h. in seiner Existenz von seinen eigenen subjektiven Anschauungsformen und Kategorien abhängig. Ob das Ich, dem diese Anschauungsformen und Kategorien inhärieren, unabhängig von ihnen an sich existiert, bleibt unklar. Für Fichte ist das Ich durchgängig, auch als nichtsinnliches, auf seine eigenen Anschauungs- und Denkleistungen bezogen. Als nichtsinnliches ist es zwar nicht Erscheinung, aber dennoch in analoger Weise von seiner Tathandlung (dem Setzen) abhängig. Ohne diese ist es nicht.

Soweit der erste, schlechthin unbedingte Grundsatz. Fichte nimmt nun in § 2 und 3 zwei weitere Grundsätze an, einen dem Gehalt nach bedingten, der Form nach unbedingten; einen dem Gehalt nach unbedingten und der Form nach bedingten. Diesen Schematismus – insbesondere das Festhalten an dem Unterschied von Form und Gehalt, der für das Ich ja gerade überwunden werden soll – hat Fichte sehr bald aufgegeben. Der Sache nach geht es im zweiten Grundsatz um das Entgegensetzen. Zu der auf das Ich selbst gerichteten nichtsinnlichen Tätigkeit tritt gleich ursprünglich eine nach außen gerichtete, die qua Tätigkeit von der anderen nicht ableitbar ist. Alles im Gemüt soll aus ihm selbst erklärbar sein, die Richtung nach außen auf Anderes gehört aber wesentlich und konstitutiv hinzu. Fichte will zeigen, daß der wissende Bezug auf sich und der auf Anderes unlösbar zusammenhängen. Nur wer von sich weiß, kann von Anderem wissen; nur wer von Anderem weiß, kann von sich wissen. Deswegen müssen schon im elementarsten Ich beide Tätigkeiten sein. Daß außer dem Setzen das Entgegensetzen da sein muß, hat den Rang eines zweiten, nur in gewisser Hinsicht durch den ersten bedingten Grundsatzes. Den Bezugspol dieser zweiten, nach außen gerichteten Tätigkeit, das Andere des Ich, bezeichnet Fichte als „Nicht-Ich", – sprachlich ein singulärer Terminus wie „die Umwelt", der eine komplementäre Sphäre und ihr Bezogensein auf ein Zentrum, das Ich, zum Ausdruck bringen soll.

Der dritte Grundsatz schließlich fordert die synthetische Verbindung beider entgegengesetzter Tätigkeiten. Diese Forderung wird in Quantitätsausdrücken beschrieben; Ich und Nicht–Ich sollen als sich gegenseitig einschränkend, als „teilbar" gesetzt werden. Dies sind Äußerlichkeiten, über die Fichte selbst sehr bald hinausgekommen ist.

Als Fazit aller Grundsätze ergibt sich der Satz „Ich setze im Ich dem teilbaren Ich ein teilbares Nicht-Ich entgegen." Fichte fügt hinzu: „Über diese Erkenntnis hinaus geht keine Philosophie; aber bis zu ihr zurückgehen soll jede gründliche Philosophie; und so wie sie es tut, wird sie Wissenschaftslehre. Alles was von nun an im Systeme des menschlichen Geistes vorkommen soll, muß sich aus dem Aufgestellten ableiten lassen." (ebd. 272/110) Diese Grundsätze also sollen als Basis ausreichen, um alles im Ich aus ihm selbst zu erklären.

Der zweite Teil des Buches, die „Grundlage des theoretischen Wissens", besteht seinerseits wieder aus zwei Teilen. Im ersten wird in ungemein komplizierten dialektischen Vermittlungen die grundsätzliche Struktur der Relation zwischen Ich und Nicht–Ich, zwischen Subjekt und Objekt herauspräpariert (und zwar anhand der Kantischen Relationskategorien), im zweiten, der „Deduktion der Vorstellung", werden dann von dieser Grundstruktur aus die theoretischen Vermögen des Ich erörtert.

Im Erkennen ist das Ich für sich passiv; es erfährt sich als die Gegenstände hinnehmend. Als Grundsatz des Theoretischen formuliert Fichte deswegen den Satz „Das Ich setzt sich selbst, als beschränkt durch das Nicht-Ich" (ebd. 285/126), der ein Moment des Resultates der obigen Grundsätze ist. Darin liegen die beiden Sätze „Das Nicht-Ich bestimmt das Ich" (Fremdbestimmung für das Ich) und „Das Ich bestimmt sich selbst" (Selbstbestimmung). Beide müssen synthetisch vereinigt werden. Dies führt zunächst überhaupt dazu, die Relation als „Wechselbestimmung" zu fassen, doch ist dies weiter zu analysieren. Fichte sieht darin zwei weitere Synthesen: Kausalität und Substantialität, so daß die Kantischen Kategorien der Relation vollständig beisammen sind. Er meint, damit diese Kategorien deduziert zu haben. Es geht ihm freilich nicht wie Kant um den Nachweis, daß Urteile, die sie enthalten, objektiv gültig sein können – das ist ja in gar keiner Weise gezeigt –, sondern darum, daß diese Strukturen in den notwendigen Tätigkeiten des Ich vorkommen müssen.

Die Synthesis der Kausalität besteht darin, daß das Leiden des Ich durch die Tätigkeit des Nicht-Ich bestimmt wird (sie enthält die gleichsam realistische Ansicht des Verhältnisses); die Synthesis der Substantialität besteht darin, daß die beschränkte Tätigkeit auf die unbeschränkte, absolute bezogen wird. Insofern das Ich alle Realität umfaßt, ist es Substanz; insofern seine Tätigkeit beschränkt ist, ist in ihm ein Akzidens. Dies ist die idealistische, lediglich Momente des Ich aufeinander beziehende Ansicht des Verhältnisses.

Beide Synthesen erklären nicht, was zu erklären ist. Wie Fichte selbst schreibt: „Die eigentliche, höchste, alle anderen Aufgaben unter sich enthaltende Aufgabe ist die: wie das Ich auf das Nicht-Ich, oder das Nicht-Ich auf das Ich unmittelbar einwirken könne, da sie beide einander völlig entgegengesetzt sein sollen. Man schiebt zwischen beide hinein irgendein X, auf welches beide wirken, wodurch sie denn auch zugleich mittelbar aufeinander selbst wirken. Bald aber entdeckt man, daß in diesem X doch auch wieder irgendein Punkt sein müsse, in welchem Ich und Nicht-Ich unmittelbar zusammentreffen. Um dieses zu verhindern, schiebt man zwischen und statt der scharfen Grenzen ein neues Mittelglied = Y ein." (ebd. 300 f./143 f.) So geht das weiter – bis zum Ende eines „absoluten Machtspruches der Vernunft". Wir wollen Fichtes verschiedene Vermittlungen dazwischen, das Verhältnis von Ich und Nicht-Ich einerseits nach der Kausalrelation und andererseits nach der Substanzrelation zu betrachten, nicht im einzelnen verfolgen – sie führen zu verschiedenen Formen von Realismus und Idealismus, leisten aber stets nicht, was verlangt wird –; wir wollen sogleich auf das Ende sehen.

Kants theoretische Philosophie ist gekennzeichnet durch die einfache Gegenüberstellung: Spontaneität – Rezeptivität. Fichtes Modell könnte man demgegenüber wie folgt charakterisieren: Spontaneität – Rezeptivität/Spontaneität. Auf der der reinen Spontaneität gegenüberstehenden Seite gibt es nur das Wechselverhältnis, in dem Rezeptivität stets durch Spontaneität bedingt ist, diese aber auch umgekehrt durch jene. Die einfache Gegenüberstellung verschwindet, die Vermittlungen können hier beliebig oft hin und her gehen. Insgesamt gibt es so zwei Wechselverhältnisse: eines zwischen der reinen Spontaneität und der, die mit der Rezeptivität verwoben ist (oben Substantialität, idealistisches Wechselverhältnis); eines zwischen Rezeptivität und (der mit ihr verwobenen) Spontaneität (oben Kausalität, realistisches Wechselverhältnis).

Im Endresultat (ebd. 356/212; der Abschnitt c)) setzt Fichte deshalb das Vermögen der Einbildungskraft als das theoretisch grundlegende an. „Die Einbildungskraft ist ein Vermögen, das zwischen Bestimmung und Nicht-Bestimmung, zwischen Endlichem und Unendlichem in der Mitte schwebt ... Jenes Schweben eben bezeichnet die Einbildungskraft durch ihr Produkt; sie bringt dasselbe gleichsam während ihres Schwebens, und durch ihr Schweben hervor." (ebd. 360/216) In diesem Vermögen sieht Fichte jene Verquickung von Spontaneität und Rezeptivität gegeben, die er als Basis für das Verhältnis von Subjekt und Objekt meint ansetzen zu müssen. Dieses Vermögen, nicht die Sinnesempfindung ist deswegen das theoretische Grundvermögen.

Dennoch hält Fichte in dieser Darstellung noch an einem „Anstoß", einer äußeren Einwirkung auf das Ich, einer – wenn auch „abstrakten" – „realistischen Erklärungsart" fest (ebd. 355/210). Die Grundmaxime war ja, daß alles im Ich aus ihm selbst erklärt werden sollte. Es sieht so aus, als sollte davon nun doch eine Ausnahme gemacht werden, – wenn auch eine möglichst kleine. Doch wie klein auch immer – das Prinzip wäre aufgegeben. An diesem „Rest von Dualismus" hat deswegen später Hegels Kritik anzusetzen und darin die alten Kantischen Sünden wiederzufinden versucht. Freilich wird Fichte seine Auffassung in dieser grundsätzlichen Frage noch modifizieren und die Grundmaxime ohne jede Einschränkung durchzuführen versuchen.

Die grundlegende Wechselbestimmung formuliert Fichte auch als das „Gesetz des Bewußtseins": „Kein Subjekt, kein Objekt, kein Objekt, kein Subjekt." (ebd. 332, 362 u.ö./183, 218) In ihm sieht Fichte alles Realitätsbewußtsein fundiert.

In der „Deduktion der Vorstellung" soll nun von dem Grundvermögen der produktiven Einbildungskraft ausgehend der gesamte theoretische Erkenntnisapparat in seinen Zusammenhängen verständlich gemacht werden. Das Prinzip, im Ich alles aus ihm selbst zu erklären, hat im Grunde zwei Aspekte: den einen, daß nicht von außen erklärt werden darf; den anderen, daß im Ich alles systematisch zusammenhängen muß, wodurch ja Erklärungen erst möglich werden. Den Aufweis solcher Zusammenhänge nennt Fichte eine „pragmatische Geschichte des menschlichen Geistes" (ebd. 365/222). Sein Vorgehen ist dabei so, daß Symmetrie und Unsymmetrie in dem Verhältnis von Subjekt und Objekt gegeneinander ausgespielt werden. Das Anschauen ist das Moment des Begrenztseins der produktiven Einbildungskraft; wie diese ist es „eine Tätigkeit, die nicht ohne ein Leiden, und ein Leiden, das nicht ohne eine Tätigkeit möglich ist" (ebd. 370/229). Die höheren theoretischen Vermögen, zuerst der Verstand (ebd. 374/233), ergeben sich daraus, daß die subjektive Seite nicht nur in diesen Wechsel einbegriffen, sondern zugleich stets aus ihm heraus ist, um sich auf ihn beziehen zu können. So „fixiert" der Verstand die Anschauung. Fichte operiert hier offenkundig mit Metaphern; der Unterschied Verstand – Anschauung wird von dem intuitiven Unterschied von „Fixieren" und „Schweben", von Ruhe und Tätigkeit, nicht wie bei Kant von der Propositionalität aus interpretiert. Weiterhin liegt bei Fichte nicht eine vorausgesetzte strikte Opposition vor, sondern nur eine in einem Ganzen sich ergebende relative Differenzierung. Das Ganze ist die „pragmatische Geschichte des menschlichen Geistes", in der der Verstand eine Stufe der „Evolution" darstellt. – Ähnlich bei den anderen Vermögen. Es sind die, die auch Kant annimmt; nur sollen sie sich hier allesamt systematisch aus der skizzierten Grundstruktur des Verhältnisses von Subjekt und Objekt ergeben. Sie finden sich nicht zufällig beieinander, sondern gehören mit innerer Notwendigkeit zu einem Ich, das als Ich in Wechselbestimmung mit einem Nicht-Ich steht. Das jedenfalls beansprucht Fichte zu zeigen.

Der dritte Teil „Grundlage der Wissenschaft des Praktischen" ist ähnlich wie der zweite gebaut. Zuerst wird in § 5 noch einmal die Grundstruktur endlicher Subjektivität entfaltet, dann wird in § 6–11 von ihr aus der „praktische Apparat" entwickelt, ein Vollständigkeit beanspruchendes „System der Triebe" (ebd. 449/327). Der kategorische Imperativ und Freiheit kommen erst am Schluß kurz zur Sprache. Der kategorische Imperativ soll dort als „absoluter Trieb", als „Trieb um des Triebes willen" in das System der Triebe einbezogen werden.

Als Grundstruktur von Subjektivität wird ein Wechselverhältnis von absolutem, unendlichem Ich und endlichem Ich entfaltet, das seinerseits bedingt ist durch und bedingend für das Verhältnis nach außen zum Nicht-Ich. Es ist dasselbe wie das soeben beschriebene Wechselverhältnis. Ohne Differenzierung im Ich ist der Anstoß von außen auf das Ich nicht möglich, – aber auch umgekehrt, ohne diesen ist jene Differenzierung nicht möglich. Fichte beschreibt die „ursprüngliche Verschiedenheit" im Ich auch als eine von „Richtungen" der Tätigkeit: als Unterschied einer „zentrifugalen", nach außen gehenden Tätigkeit von einer „zentripetalen", reflexiven Tätigkeit. Dieser Unterschied ist die „Bedingung der Möglichkeit eines... fremden Einflusses im Ich selbst" (ebd. 405/271), zugleich aber selbst ohne diesen nicht möglich.

Fichte meint deswegen, daß man das System der Wissenschaftslehre auch als „Real-Idealismus" oder „Ideal-Realismus" bezeichnen könne (ebd. 412/281). Das Realistische liegt in der These, „daß das Bewußtsein endlicher Naturen sich schlechterdings nicht erklären lasse, wenn man nicht eine unabhängig von denselben vorhandene, ihnen völlig entgegengesetzte Kraft annimmt, von der dieselben ihrem empirischen Dasein nach selbst abhängig sind" (ebd. 411/279 f.). Doch hat Fichte Jacobis Einwand gegen Kant stets im Blick; deswegen kommt sogleich der Zusatz: „Sie (die Wissenschaftslehre, P. R.) erklärt allerdings alles Bewußtsein aus einem unabhängig von allem Bewußtsein Vorhandenen; aber sie vergißt nicht, daß sie auch in dieser Erklärung sich nach ihren eigenen Gesetzen richte, und so wie sie hierauf reflektiert, wird jenes Unabhängige abermals ein Produkt ihrer eigenen Denkkraft" (ebd. 411 f./280), die Theorie wird idealistisch.

Diese zweifellos im Blick auf Jacobi geschriebene Auflösung wird unzulänglich, sobald klar wird, daß der wesentliche Haken gar nicht Jacobis Inkonsistenzvorwurf ist, sondern die Frage, ob eine solche äußere Einwirkung auf das Ich überhaupt denkbar ist, auch nach den eigenen Gesetzen des Ich selbst. Wenn eine solche äußere Einwirkung generell ausgeschlossen werden muß, muß die Theorie noch grundlegend abgeändert werden. Dies wird Fichte in kurzer Zeit tun.

Die Grundmomente des praktischen Ich sind das „Streben" (ebd. 397/261) und das „Gefühl" (ebd. 401/266). Diese Leistungen sollen deduziert werden durch den Aufweis, daß die theoretischen ohne sie unmöglich wären. Ein rein theoretisches Ich wäre wie ein halber Leib etwas aus immanenten Gründen Unmögliches. Es wäre nicht einmal theoriefähig. Hier bahnt sich ein innerer Zusammenhalt von theoretischer und praktischer Philosophie an, von dem sich bei Kant noch kaum eine Spur findet, der aber für Fichte sehr wichtig werden wird.

Das Streben ergibt sich daraus, daß der auf das Objekt zu beziehenden Tätigkeit des Ich (dem Setzen) noch eine andere Tätigkeit entgegengesetzt werden muß, die in sich selbst zurückgeht. Fichte formuliert sein Resultat wie folgt: „Die reine in sich selbst zurückgehende Tätigkeit des Ich ist in Beziehung auf ein mögliches Objekt ein Streben; und zwar, laut obigem Beweise, ein unendliches Streben. Dieses unendliche Streben ist ins Unendliche hinaus die Bedingung der Möglichkeit alles Objekts: kein Streben, kein Objekt." (ebd. 397/261 f.) Das Streben ist also Voraussetzung dafür, daß man – auch theoretisch – Realität haben kann; Gegenständlichkeit gibt es nur, wo einer Tätigkeit des Ich widerstanden wird, wo also gestrebt wird. Rein anschaulich gibt es keine Erfahrung von Realität; der innere „Film im Bewußtsein" eines bloß theoretischen, nicht strebenden Wesens könnte nicht als Realität erfahren werden. Dazu muß strebend Widerstand erfahren werden. Praxis ist Bedingung der Möglichkeit von Theorie. „Es sei keine Intelligenz im Menschen möglich, wenn nicht ein praktisches Vermögen in ihm sei." (ebd. 399/264) Das in die Praxis involvierte Streben muß für Fichte unendlich sein, woraus sich schließlich eine unbedingte Forderung der Moral an das Ich ergibt. Diese Forderung ist eigentlich der Ausgleich zwischen endlichem und unendlichem, absolutem Ich.

Das Gefühl ist die Weise, wie die objektive Tätigkeit ursprünglich dem Ich selbst gegeben ist. „Alles Setzen des Ich ginge demnach aus vom Setzen eines bloß subjektiven Zustandes; alle Synthesis von einer in sich selbst notwendigen Synthesis eines Entgegengesetzten im bloßen Subjekte. Dieses bloß und lediglich Subjektive wird sich tiefer unten als das Gefühl zeigen." (ebd. 401/266) Das Gefühl wird beschrieben als praktisches Pendant zur produktiven Einbildungskraft, gleichsam als innersubjektiv unmittelbare Vereinigung der Gegensätze.

Auf die weiteren Ableitungen für das „System der Triebe" in § 6–11 möchte ich hier nicht eingehen, vielmehr noch einige Bemerkungen anfügen über die kurze Ergänzungsschrift

Grundriß des Eigentümlichen der Wissenschaftslehre von 1795. Die Schrift gibt nicht, wie man nach dem Titel denken könnte, einen Überblick über das Gesamtsystem, sondern ist eine ausführlichere Neufassung des konstruktiven Teils der theoretischen Philosophie, der „Deduktion der Vorstellung". Allerdings wird nur ein Teil davon neu bearbeitet, nämlich der auf die sinnlichen Vermögen bezügliche. Von dem ursprünglichen Faktum, dem „Schweben" der Einbildungskraft ausgehend werden Empfindung, Anschauung sowie die Anschauungsformen Raum und Zeit „deduziert". Diese Deduktionen haben jeweils den Sinn, zu zeigen, daß das zu Deduzierende durch die immanente Unvollständigkeit des schon Deduzierten gefordert ist. Inhaltlich werden die Vermögen kaum anders als bei Kant gefaßt; nur daß Fichte sie eben nicht lediglich faktisch aufgreifen, sondern sie als im System der Potenzen des Ich geforderte Glieder erweisen will. Diese Deduktionen sind im einzelnen sehr kompliziert und natürlich auch höchst problematisch. Das Verfahren sei erläutert anhand der Deduktion der Anschauungsformen Raum und Zeit in § 4.

Von Kant stammt die These, daß Raum und Zeit nicht zu der unabhängig von uns vorhandenen Wirklichkeit gehören, sondern Anschauungsformen unseres Erkenntnisapparates sind. Er sucht diese für seine Philosophie grundlegende These durch verschiedene Argumente zu erhärten: solche, die sich auf den erkenntnistheoretischen Status der Geometrie beziehen, und andere, die an die Raum- und Zeiterfahrung selbst anknüpfen und zeigen wollen, daß raumzeitliche Bestimmungen nicht zu dem in Empfindung gegebenen Material gehören können.

Fichte übernimmt die Kantische These; seine Argumente aber kann er nicht übernehmen. In Kants Argumenten werden einige Tatsachen als gegeben aufgegriffen – schon die der Raum- und Zeiterfahrung selbst, dann diejenigen Züge an dieser, die die Idealitätsthese stützen sollen, usw. Dem Anspruch seiner Methodologie zufolge kann Fichte so etwas nicht benutzen. So entfallen hier bei Kant vorhandene Möglichkeiten, eine philosophische These evident zu machen. Fichte muß zeigen, daß die bis zu dem Punkt, an dem er auf die Anschauungsformen zu sprechen kommt, entwickelten Momente des Erkenntnisapparates wegen innerer Unvollkommenheit funktionsuntüchtig wären, wenn es nicht die Anschauungsformen gäbe. Die systematische Hinzugehörigkeit der Anschauungsformen zu den anderen Teilen des Erkenntnisapparates – letztlich überhaupt zu dem Verhältnis von Ich und Nicht-Ich – ist für ihn entscheidend. Dabei kommt es darauf an, daß das noch zusätzlich Gebrauchte durch das schon Vorhandene und die darin liegenden „Aufgaben" hinreichend bestimmt ist. Am Ende steht also auch bei Fichte die Kantische These; aber die Art, wie sie bewiesen werden soll, ist eine grundsätzlich andere.

Beim Raum geht er wie folgt vor: Das Ich soll auf seine Anschauung (die vorher in § 3 deduziert worden war) reflektieren. Damit es eine Anschauung als seine erfassen kann, muß es zwei Anschauungen aufeinander beziehen können, deren jede das zuvor bei der Theorie der Anschauung entwickelte Verhältnis von Bild und Ding enthält. Der Raum wird dann deduziert als ein Etwas, hinsichtlich dessen die Dinge bestimmt sein müssen, damit die Anschauungen derselben aufeinander bezogen werden können. Die Dinge müssen dafür außer den inneren auch äußere Bestimmungen mit bestimmten Eigenschaften haben. Die räumliche Ordnung der Dinge ist also eine Bedingung der Möglichkeit dafür, die Anschauungen derselben aufeinander zu beziehen. Fichte sucht wesentliche Eigenschaften dieser äußerlichen, räumlichen Bestimmungen in diesem Zusammenhang zu rechtfertigen, vor allem die Freiheit und Trennbarkeit in der Beziehung von Ding und Raum sowie die Wechselseitigkeit aller Ortsbestimmungen, aber auch Stetigkeit, unendliche Teilbarkeit usw.

Ähnlich bei der Zeit: Auch sie ist eine Bedingung der Möglichkeit dafür, Anschauungen aufeinander zu beziehen. Sie unterscheidet sich vom Raum dadurch, daß gewisse Beziehungen zwischen den zu verbindenden Anschauungen, die beim Raum symmetrisch waren, nun unsymmetrisch werden. Der gegenwärtige Moment der Freiheit ist nur als zweiter möglich, dem ein erster der Notwendigkeit vorausgehen muß. Deswegen gilt: „Es gibt gar keinen ersten Moment des Bewußtseins, sondern nur einen zweiten." (GA I, 3, 208 / FW I, 411) Die Vergangenheit ist die als ihre Bedingung der Möglichkeit zur Gegenwart hinzugedachte, durch Einbildungskraft objektiv gesetzte Voraussetzung (die Zukunft erwähnt Fichte merkwürdigerweise gar nicht). „Die Frage: ist denn nicht wirklich eine Zeit vergangen? ist mit der: gibt es denn ein Ding an sich, oder nicht? völlig gleichartig." (ebd. 207/409)

Fichtes Absicht war, zu den richtigen Kantischen Resultaten die Gründe nachzuliefern. Dabei sollte den Einwänden von Jacobi und Aenesidemus, die ihm ja „Kant verdächtig gemacht" hatten, Rechnung getragen werden. Bezüglich des affizierenden Dinges an sich geschieht das durch die These, daß Rezeptivität nur innerhalb eines Beziehungsganzen von Rezeptivität und Spontaneität möglich ist; bezüglich der konsistenten Deutung von Subjektivität geschieht es durch die Annahme der intellektuellen Anschauung, in der nichtsinnliche Subjektivität sich auf sich selbst bezieht. Mit diesem Vermögen erklärt seine Philosophie auch ihre eigene Möglichkeit, d.h. die Möglichkeit nichtempirischer, nichtpsychologischer Erkenntnis von Subjektivität. Was die übrigen zu einem Ich gehörigen Vermögen angeht, so nimmt Fichte im wesentlichen dieselben an wie Kant, nur sucht er sie als im System von Subjektivität gefordert nachzuweisen. Dabei betont er das Aufeinander-Angewiesensein der theoretischen und der praktischen Vermögen.

Unklar ist, wie weit in Fichtes Theorie die eigentlichen Geltungsfragen, die ja für Kant sehr zentral waren, überhaupt thematisiert werden. Zu den Untersuchungen etwa, die Kant in seiner „Analytik der Grundsätze" anstellt (die für manchen modernen Interpreten das Interessanteste an seiner Theorie sind), gibt es bei Fichte nichts Entsprechendes. Er war offenkundig der Auffassung, daß durch seine Deduktionen der Vermögen die Gültigkeitsfragen sogleich mit beantwortet seien. Das ist aber nicht richtig, mindestens nicht für alle Gültigkeitsfragen. Für einen modernen Betrachter dürfte zuungunsten Fichtes auch der Unterschied sprechen, daß bei ihm die Bedeutung der Urteilsformen (und überhaupt der generellen Struktur des Urteils) sehr zurücktritt. In der Analyse des elementaren Verhältnisses von Ich und Nicht-Ich spielt die Propositionalität bei Fichte kaum eine nennenswerte Rolle. Der Versuch, den Kantischen richtigen Resultaten die Gründe nachzuliefern, erfaßt nicht mehr alle (vermutlich) richtigen Kantischen Resultate. Er hat zu einem neuartigen philosophischen System geführt. Ein solcher Schritt vereinigt wohl immer in einer unauflösbaren Weise die „Entbergung" neuer Einsichten mit dem „Verbergen" solcher, die schon da waren und nun verdeckt werden.

6. Die Wissenschaftslehre nova methodo 1797/98

Mit der überstürzt veröffentlichten Fassung der Wissenschaftslehre war Fichte bald nicht mehr zufrieden. In Briefen an Reinhold von 1797 beurteilt er sie als „äußerst unvollkommen" (GA
III, 3, 57) und nennt sie „diese sehr unreife Darstellung" (ebd.
69). „Wie weit klärer sehe ich jetzt in dieser Wissenschaft!",
fügt er hinzu. Natürlich mußte er daran interessiert sein, diese
größere Klarheit auch öffentlich mitzuteilen. 1797/98 erschien
in dem *Philosophischen Journal einer Gesellschaft Teutscher Gelehrten*,[26] dessen Herausgeber er seit Anfang 1797 zusammen
mit Niethammer war, der *Versuch einer neuen Darstellung der
Wissenschaftslehre* (GA I, 3, 167–281 / FW I, 417–534), enthal-
tend eine Erste und eine Zweite Einleitung sowie das erste Kapitel. Leider blieb dieser Versuch unvollendet. Wir kennen diese Fassung der Wissenschaftslehre deswegen nur aus zwei
Kollegnachschriften, der „Halleschen Nachschrift" (GA IV, 2,
1–267) sowie der von Krause.[27] Diese *Wissenschaftslehre nova
methodo*, wie Fichte sie nennt, ist von großer Bedeutung, denn
sie zeugt in der Tat von einem weit klareren Selbstverständnis
Fichtes. Auf der anderen Seite liegt diese Fassung noch vor der
Wendung, die sein Denken durch den Atheismus-Streit und die
Auseinandersetzung mit Schelling nahm. Die ursprüngliche
Konzeption der Wissenschaftslehre findet hier ihren besten, an-
gemessensten Ausdruck; deswegen soll auch diese Stufe seines
Denkens dargestellt werden (von den Kollegnachschriften wird
dabei die von Krause zugrundegelegt). Für Fichtes Wirkung ist
es ein Unglück gewesen, daß – von seinen Jenaer Studenten
abgesehen – vor der Erstedition der Halleschen Nachschrift
1937[28] niemand diese sicherlich beste Fassung seiner Gedanken
kennen konnte.

Zunächst aber zur *Ersten Einleitung*. Das methodische Vorgehen Fichtes brachte es mit sich, daß solche „Einleitungen",

die ja der Sache selbst vorausgehen, immer größeres Gewicht bekamen, weil ohne sie der eigentliche Anfang ganz uneinsichtig bleiben mußte. Dafür, von der Wahrheit der Konzeption zu überzeugen, leistet der oberste Grundsatz nichts; die wirkliche Begründung ist von ihm ganz unabhängig.

Die Aufgabe der Philosophie sieht Fichte darin, den Grund aller Erfahrung, aller mit dem „Gefühl der Notwendigkeit begleiteten Vorstellungen" anzugeben, d. h. aller Vorstellungen, die anders als z. B. Fantasien nicht willkürlich verfügbar sind. Als ihr Grund müsse er außerhalb der Erfahrung selbst liegen. Dies Argument ist fragwürdig; aber Fichte möchte von vornherein den Vorwurf von Aenesidemus gegen Reinhold abwehren, nur eine auf empirische Selbstbeobachtung gestützte Theorie zu liefern. Es gebe nur zwei konsequente philosophische Systeme: den Idealismus, der diesen Grund in der Intelligenz, und den Dogmatismus, der ihn im Ding an sich sieht. Die Auffassung, daß die Erfahrung in beidem, in der Intelligenz und in einer davon unabhängigen Realität begründet sein könnte, wird schnell als inkonsequent abgetan. Darin spricht sich die für Fichtes Philosophie grundlegende Einsicht aus, daß sich eine Aufteilung der Erfahrung auf verschiedene Quellen – ein Teil hierher, ein Teil daher – wegen der inneren Einheit dieser Erfahrung nicht konsistent durchführen läßt.

Jedes dieser beiden Systeme sei so weit in sich konsistent, daß keines das andere direkt widerlegen könne. Die Entscheidung zwischen ihnen beruhe deswegen auf dem „Interesse", das Idealist bzw. Dogmatiker haben: „Der Streit zwischen dem Idealisten und Dogmatiker ist eigentlich der, ob der Selbständigkeit des Ich die Selbständigkeit des Dinges, oder umgekehrt, der Selbständigkeit des Dinges, die des Ich aufgeopfert werden solle." (GA I, 4, 193 / FW I, 432). Nur der Idealismus ermöglicht Freiheit; der Dogmatismus – Fichte denkt vor allem an den Spinozismus – führt dagegen zu totalem Determinismus. Wessen Interesse für Freiheit also unbezwingbar ist, der wird – bei dem theoretischen Gleichstand – Idealist; wem an Freiheit wenig liegt, der wird Dogmatiker. Fichte kommt so zu seinen berühmten Sätzen: „Was für eine Philosophie man wähle, hängt sonach davon ab, was man für ein Mensch ist: denn ein philosophisches System ist nicht ein toter Hausrat, den man ablegen oder annehmen könnte, wie es uns beliebte, sondern es ist beseelt durch die Seele des Menschen, der es hat." (ebd. 195/434)

Zum Verständnis dieser Auffassung ist daran zu erinnern, daß Fichte selbst in seiner Jugend, bevor er durch sein Kant-Studium aus der „Geistesknechtschaft" befreit wurde, einen strikten Determinismus vertreten hatte. Die in der eigenen Entwicklung überwundene Position wird zum wichtigsten Widerpart. Außerdem hatte aber auch Kant selbst sich so geäußert: ohne den Idealismus – speziell die These der Idealität von Raum und Zeit – sei Freiheit „nicht zu retten" und bleibe allein der Spinozismus übrig (KPV, AA V, 101 f.). Fichte knüpft hieran an und macht es zum Fundament seiner Philosophie: Das Vernunftinteresse an Freiheit erzwingt den Idealismus.

Doch bei dieser Art, die grundsätzliche Alternative zu entscheiden, bleibt es auch für Fichte nicht: „Aber der Dogmatismus ist gänzlich unfähig, zu erklären, was er zu erklären hat, und dies entscheidet über seine Untauglichkeit." (a. a. O. 195/435) Es gibt nämlich ein Argument, das gegen ihn durchschlägt: Eine kausale Einwirkung eines Dinges an sich auf ein Ich ist nicht zu verstehen. Diese Annahme „enthält bloße Worte, aber es ist in ihr kein Sinn" (ebd. 198/438). Fichte übernimmt hier ein grundsätzliches Argument, das auch schon Spinoza[29] und Leibniz[30] vorgebracht hatten. Jacobis Einwand hatte gelautet, daß die Annahme affizierender Dinge an sich mit der Kantischen Deutung von Kausalität unvereinbar sei. Nun geht es nicht mehr um diese Inkonsistenz, sondern darum, daß eine solche Kausalität grundsätzlich ohne Sinn ist. Deswegen bleibt nur die Möglichkeit, die Intelligenz aus sich zu erklären, der Idealismus also. Von einer theoretischen Neutralität zwischen Idealismus und Dogmatismus kann in Wahrheit keine Rede sein. „Die Intelligenz erhaltet ihr nicht, wenn ihr sie nicht als ein Erstes Absolutes hinzudenkt; deren Verbindung mit jenem von ihr unabhängigen Sein zu erklären, euch schwer ankommen möchte." (ebd. 197/437)

Wenn aber die bestimmten Vorstellungen der Intelligenz aus ihrem eigenen Wesen, ihrem Handeln ableitbar sein sollen, dann muß dieses Handeln bestimmten Gesetzen unterliegen. Wie Fichte sagt: „Die Voraussetzung des Idealismus wird sonach diese sein: die Intelligenz handelt; aber sie kann vermöge ihres eigenen Wesens, nur auf eine gewisse Weise handeln. Denkt man sich diese notwendige Weise des Handelns abgesondert vom Handeln, so nennt man sie sehr passend, die Gesetze des Handelns: also es gibt notwendige Gesetze der Intelligenz." (ebd. 200/441)

Auch nach Leibniz sind die Zustände eines vorstellenden Wesens durch Gesetze bestimmt. Die Identität einer Seele im Ablauf der Zeit besteht geradezu in einem solchen Gesetz. Aber dieses Gesetz ergibt sich nicht aus dem Wesen der Intelligenz, sondern ist ihr von Gott (insofern also doch äußerlich) eingeprägt. Der Philosoph kann nicht sinnvoll versuchen, diese Gesetze zu ermitteln. Für Fichte sind die Gesetze der Intelligenz nicht äußerlich, sondern ergeben sich aus ihrem Wesen; Philosophie besteht in der Erkenntnis dieser Gesetze. Freilich beziehen sich diese Gesetze dann auch nicht wie bei Leibniz wirklich auf die einzelnen psychischen Zustände; obwohl Fichte davon spricht, bestimmte Vorstellungen aus dem Handeln der Intelligenz abzuleiten, will er in seiner Wissenschaftslehre nicht erweisen, was genau eine bestimmte Person zu einem bestimmten Zeitpunkt vorstellt oder will. Die Gesetze betreffen nur die essentiellen Strukturen einer jeden Intelligenz, den subjektiven Apparat. Als solche aber machen sie notwendig ein System aus: „Die anzunehmenden Handelnsgesetze der Intelligenz machen selbst, so gewiß sie in dem Einen Wesen der Intelligenz begründet sein sollen, ein System aus." (ebd. 200/441) Die einer Intelligenz immanenten „Vermögen" finden sich nicht derart zufällig zusammen, daß man sie nur de facto aufsammeln und feststellen könnte – ohne Garantie der Vollständigkeit –, sie lassen sich nach Gesetzen auseinander und aus dem Handeln der Intelligenz überhaupt ableiten.

Bezüglich der Dinge involviert diese Konzeption, daß sich nicht Form und Stoff säuberlich trennen und auf verschiedene

Ursprungsorte verteilen lassen. „Das Ding entsteht allerdings durch ein Handeln nach diesen Gesetzen, das Ding ist gar nichts anderes, als alle diese Verhältnisse durch die Einbildungskraft zusammen gefaßt, und alle diese Verhältnisse miteinander sind das Ding; das Objekt ist allerdings die ursprüngliche Synthesis aller jener Begriffe. Form und Stoff sind nicht besondere Stücke; die gesamte Formheit ist der Stoff, und erst in der Analyse bekommen wir einzelne Formen." (ebd. 202/ 443) Vielleicht wird an keinem anderen Punkt der Sinn des Übergangs von Kant zu Fichte so deutlich wie an diesem, daß Form und Stoff nicht besondere Stücke sein können. Sie können es wirklich nicht.

Die *Zweite Einleitung* wendet sich an „Leser, die schon ein philosophisches System haben", sie dient vor allem der Abwehr von Mißverständnissen. So bemüht sich Fichte, die seiner Konzeption zugrundeliegende intellektuelle Anschauung von dem Verdacht der Irrationalität zu reinigen. Es heißt von ihr: „Sie ist das unmittelbare Bewußtsein, daß ich handle, und was ich handle: sie ist das, wodurch ich etwas weiß, weil ich es tue. . . . Ich kann keinen Schritt tun, weder Hand noch Fuß bewegen, ohne die intellektuelle Anschauung meines Selbstbewußtseins in diesen Handlungen; nur durch diese Anschauung weiß ich, daß ich es tue, nur durch diese unterscheide ich mein Handeln und in demselben mich, von dem vorgefundenen Objekte des Handelns. Jeder, der sich eine Tätigkeit zuschreibt, beruft sich auf diese Anschauung. In ihr ist die Quelle des Lebens, und ohne sie ist der Tod." (ebd. 217/463) Rein sinnlich können nur passive Zustandsfolgen gegeben sein, nie das, was für Tätigkeit spezifisch ist. Gegen den Verdacht der Täuschung dabei sichert das Bewußtsein des Sittengesetzes; auch dieses muß ja in einer Anschauung und kann nicht in einer sinnlichen Anschauung gegeben sein.

Dies ist also nun die Basis der Fichteschen Philosophie: das elementare Bewußtsein, daß wir tätig sind und daß Tätigkeiten nicht lediglich passive Zustandsfolgen sein können. Der Begriff der Tätigkeit wird zum Grundbegriff, der letzten Endes nur intuitiv gegeben, nicht aber in noch fundamentalere analysiert werden kann. Von diesem „einzigen festen Standpunkt für alle Philosophie" aus „läßt sich alles, was im Bewußtsein vorkommt, erklären" (ebd. 219/466).

Auch der Begriff des Ich soll vor Mißverständnissen geschützt werden. Fichte stellt klar, daß nicht individuelle Personen gemeint sind, sondern die „Ichheit", eine überindividuelle Entität, Vernunft. Seinen Gegnern, die an den individuellen Personen als den einzigen tätigen Wesen, die es gibt, festhalten wollen, wirft er die „Schwäche ihres ganzen Charakters" vor. „In der Wissenschaftslehre ist das Verhältnis gerade umgekehrt; da ist die Vernunft das einige an sich, und die Individualität nur akzidentell; die Vernunft Zweck; und die Persönlichkeit Mittel; die letztere nur eine besondere Weise, die Vernunft auszudrücken, die sich immer mehr in der allgemeinen Form derselben verlieren muß. Nur die Vernunft ist ihr ewig; die Individualität aber muß unaufhörlich absterben." (ebd. 257f./505) Man kann freilich nicht leugnen, daß Fichte den philosophischen Knoten, der in der Einführung einer solchen Entität wie dieser „einigen Vernunft" in die Theorie liegt, ziemlich gewaltsam durchschlägt. Er verteidigt seine Auffassung damit, daß dieser Begriff auch bei Kant oder Reinhold vorkomme. Für die systematische Rechtfertigung aber muß er letztlich an die intellektuelle Anschauung appellieren, an die Gewißheit, daß nicht alles Wissen von uns selbst von empirisch-psychologischer Art sein kann.

Hauptkennzeichen der neuen Darstellung der Wissenschaftslehre ist die grundsätzliche Vereinigung von theoretischer und praktischer Philosophie. Diese werden nun nicht mehr wie noch 1794 in zwei getrennten Teilen abgehandelt, sondern von Anfang an in unlösbarer Einheit. Auch in der ersten Version wurde schon die Unmöglichkeit einer rein theoretischen Intelligenz behauptet. Jetzt wird diese wesentliche Einsicht zur Grundlage der gesamten Darstellung. Es gibt keine Realität ohne ein Handeln; es kann nichts gegeben sein, wenn nichts beabsichtigt wird. Auf Korrelationen dieser Art, die eine getrennte Bearbeitung von theoretischer und praktischer Philosophie verbieten, weist Fichte an vielen Stellen hin.

Der Begriff der Tätigkeit ist der Grundbegriff, der intuitiv evident ist und nicht erläutert werden kann, aber auch nicht muß: „Der Begriff der Tätigkeit braucht nicht erklärt zu werden, wir sind uns derselben unmittelbar bewußt, sie besteht in einem Anschauen." (WL 98, 29) „Der einzige unmittelbare Begriff ist der der Tätigkeit." (ebd. 41) Diese intellektuelle Anschauung bezieht sich also nicht auf Dinge an sich – eine solche lehnt Fichte wie Kant ab –, sondern auf das eigene Tätigsein, ist aber dennoch nichtsinnlich.

Als formales Prinzip nimmt Fichte das „Reflexionsgesetz der Entgegensetzung" an. Auch dies Gesetz fungiert als evidente Prämisse: „Man denkt nichts deutlich, und kann nichts deutlich denken, ohne sein Gegenteil zugleich mitzudenken. Dies wird nicht bewiesen, aber jeder, der nur etwas deutlich denkt, wird es in sich finden." (ebd. 36) Fichte operiert so wie Kant mit fundamentalen Dualismen, die sich bei ihm aber aus diesem Gesetz ergeben sollen und deswegen durch diese Beziehung relativiert sind und keine absoluten Gegebenheiten darstellen. Solche Gegensätze sind Ich – Nicht-Ich, Tätigkeit – Ruhe (Sein), Anschauung – Begriff, Bestimmtheit – Bestimmbarkeit, Beabsichtigtes – Gegebenes, Tätigkeit – Vermögen usw. Fichte sagt: „Auf der Notwendigkeit des Entgegensetzens beruht der ganze Mechanismus des menschlichen Geistes; die Entgegengesetzten aber sind eins und dasselbe, nur angesehen von verschiedenen Seiten ... Aus der ursprünglichen Anschauung entstehen zwei Reihen, die subjektive oder das Beabsichtigte und das Objektive oder das Gefundene." (ebd. 42) Selbst Ich und Nicht-Ich sind nur relative Gegensätze: „Das Ich als Tätigkeit betrachtet gibt das Ich, das Ich in Ruhe betrachtet das Nicht-Ich." (ebd. 42) Ebenso einander wechselseitig voraussetzend sind die „reale Tätigkeit" (das freie praktische Handeln, das absolute Anfangen, das spontane Übergehen von Unbestimmtheit zu Bestimmtheit) sowie die „ideale Tätigkeit" (das reflektierende Nachbilden eines Vorgegebenen). „Es gibt kein Bewußtsein ohne reale Freiheit ... Also Freiheit ist der Grund alles Philosophierens, alles Seins. Stehe auf dir selbst, stehe auf der Freiheit, so stehst du fest." (ebd. 49) Daß die praktische Tätigkeit nicht ohne reflektierendes Bewußtsein möglich ist, ist ohnehin evident. Für Fichte gilt aber auch das Umgekehrte: Erst die praktische Tätigkeit gibt Realität, die reflektiert werden kann, denn das „Gegebensein eines Stoffes", das der Dogmatiker annimmt, ist „ein bloßes leeres Wort anstatt des Begriffs" (ebd. 50).

Die grundlegende Wechselbestimmung von Theoretischem und Praktischem erscheint in vielfältigen Formen. So sucht Fichte z. B. nachzuweisen, daß die „Intelligenz", der Verstand im Kantischen Sinne, d. h. das Vermögen der Begriffe, praktisch fundiert ist. Die primären Begriffe, die wir haben, sind die Zwecke, die wir handelnd verfolgen; ein Wesen, das keine Zwecke hätte, könnte gar keine Begriffe haben. Es ist der Entwurfscharakter unseres Handelns, der uns Begriffe aufnötigt. Das Vermögen der Begriffe ist so ein konstitutives Moment des freien Handelns.

Für eine Theorie, die alles aus dem Ich erklären will, muß naturgemäß das „Mannigfaltige", das ja bei den Dogmatikern das sinnlich Gegebene sein soll, ein besonderes Problem sein. Fichte verfährt so, daß er als zur Struktur von Freiheit gehörig aufweist, daß sie aus einem Bestimmbaren wählen muß. Die ursprüngliche „Gebundenheit" ist die der praktischen Tätigkeit, auf die sich die ideale Tätigkeit nur mittelbar beziehen kann. Fichte sagt: „Es wird sich finden, daß jene Beschränktheit des Handelns zu einem Nicht-Ich führt, zwar nicht auf ein an sich vorhandenes, sondern auf etwas, das durch die Intelligenz notwendig gesetzt werden muß, um jene Beschränktheit zu erklären ... Der Urgrund alles Wirklichen ist demnach die Wechselwirkung, oder Vereinigung des Ich und Nicht-Ich. Das Nicht-Ich ist sonach nichts Wirkliches, wenn es sich nicht auf ein Handeln des Ich bezieht, denn nur durch diese Bedingung und Mittel wird es Objekt des Bewußtseins; dadurch wird nun das Ding an sich auf immer aufgehoben." (ebd. 61) Am Anfang soll die „Wechselwirkung" zwischen Ich und Nicht-Ich stehen – nicht eine unabhängige Seite –, die aber dennoch nur nach unseren Denkgesetzen zu denken ist (als Voraussetzung für freies Handeln). Das Ich, nicht das Nicht-Ich kann freilich auch außer dieser Wechselwirkung (als Idee) gedacht werden: „Das Ich ist das erste, das Nicht-Ich das zweite, drum kann man das Ich abgesondert denken, aber nicht das Nicht-Ich." (ebd. 62)

Erklärt Fichte nun alles aus dem Ich oder nicht? Er erklärt aus ihm, daß nicht alles aus ihm erklärt werden kann, – dies aber wird selbst wieder als eine Erklärung aus dem Ich genommen. Das Bewußtsein des Gegebenseins von Realem – das ja qua Phänomen nicht abstreitbar ist – soll selbst aus dem Mechanismus des Ich als eine Bedingung der Möglichkeit von Freiheit aufgewiesen werden. Einerseits gilt aber das kausale Einwirken auf das Ich als sinnlose Annahme, andererseits soll die Wechselwirkung von Ich und Nicht-Ich gerade nach den Gesetzen des Ich zu denken sein. Dies scheint noch immer inkonsistent zu sein, denn es kann nicht notwendig sein, etwas Sinnloses zu denken. Jacobis Einwand kann nicht durch die Annahme beantwortet werden, daß das Nicht-Ich zur Erklärung der Beschränktheit der realen Tätigkeit durch die Intelligenz „gesetzt" werden muß.

Aus den Wechselverhältnissen von Theorie und Praxis sucht Fichte auch die Differenz von Wirklichem und Möglichem zu erklären: „Alles Wirkliche und Mögliche ist wirklich und möglich lediglich in Beziehung auf die Handlung des Ich; denn wir haben es von der Anschauung des Handelns abgeleitet." (ebd. 60) Dies scheint plausibel zu sein: Nur Wesen, die handeln und auf ihr Handeln reflektieren, können diesen Unterschied machen.

Als Bedingungen für freies Handeln werden dann auch Trieb und Gefühl aufgewiesen; der Trieb als die „ursprünglichste Bestimmtheit zum Handeln", als die „Gebundenheit", die zum Entwurf gehört (ebd. 66); das Gefühl als das materiale Fundament, als elementare Vereinigung von Tätigkeit und Leiden. Das Gefühl (Fichte meint Empfindungen wie rot, blau, süß, sauer) ist etwas rein Subjektives und doch die Basis für die Beziehung auf die Welt: „Man sieht hier schon, wie alles im Ich vorkommen kann, und daß man nicht aus dem Ich herauszugehen braucht. Man braucht nur eine Mannigfaltigkeit von Gefühlen anzunehmen, und es würde sich leicht zeigen lassen, wie

man die Vorstellungen von der Welt davon ableiten könnte."
(ebd. 68) Diese Mannigfaltigkeit von Gefühlen wird in dem
Sinn deduziert, daß sich zeigen läßt, daß es ohne sie keine Freiheit geben kann; die Gefühle können aber nicht inhaltlich deduziert werden. Und insofern sie von außen erklärt werden sollen,
rekurriert Fichte immer wieder darauf, daß wir das Äußere nur
durch sie haben. Er sagt: „Diese Mannigfaltigkeit der Gefühle
ist nicht zu deduzieren, oder aus einem höheren abzuleiten,
denn wir stehen hier an der Grenze. Dieses Mannigfaltige ist
mit dem Postulate der Freiheit postuliert; hinterher wohl wird
dieses Mannigfaltige im Triebe sich zeigen als Naturtrieb, und
wird aus der Natur erklärt werden; aber die Natur wird erst
selbst zufolge des Gefühls gesetzt." (ebd. 69) Die Synthesen
zwischen den einzelnen Gefühlen sind nur möglich, sofern das
System der Sensibilität als Hintergrund vorhanden ist: „Das
besondere Gefühl ist ein bestimmtes; als solches kann es nur
vorkommen, wenn es auf ein Bestimmbares bezogen wird, und
dies ist das System der Sensibilität. Sonach geschieht die Ver-
gleichung der Gefühle nur mittelbar, jedes bestimmte Gefühl
wird an das ganze System gehalten." (ebd. 70) Ohne die Existenz dieses Systems wären auch die einzelnen Gefühle nicht
möglich.

Solche Gefühle, solche subjektiven Empfindungen sind noch
keine Objekte, wie nach Kant selbstverständlich ist. Wir haben
Objekte nur aufgrund objektivierender synthetischer Leistungen. Was Fichte hier von Kant unterscheidet, ist die ständige
Einbeziehung unseres praktischen Tätigseins in die theoretische
Objektivierung. Es würde diese Objektivierung nicht geben,
wenn wir nicht Zwecke verfolgten und sogar schon im Gefühl
über unseren Zustand hinaus wären: „Sonach ist das Gefühl der
Begrenztheit bedingt durch das Gefühl des Strebens; beides
zusammen macht erst ein vollständiges Gefühl aus. Hierdurch
erhalten wir ursprünglich eine in der Sache gegründete Verbindung Verschiedener im Ich. Woraus leicht aus einem, dem Be-
grenzten, das Theoretische, und aus dem andern, dem Streben,
das Praktische hervorginge. Da sie gleich ursprünglich verbunden sind, so werden sie in der Folge nicht zu trennen sein, und

so wird der tiefste Grund gelegt: keine Theorie ohne Praxis." (ebd. 84)

Die nächste Stufe der Objektivierung des Gefühls ist die Anschauung, die sich für Fichte aus einer Reflexion auf das Gefühl ergibt. Dabei soll die wechselseitige Verbindung zwischen ihnen aufgewiesen werden: Im System des Ich gibt es keine Anschauung ohne Gefühl und kein Gefühl ohne Anschauung. Auf der Seite der Anschauung gibt es wieder die Untrennbarkeit der theoretischen von der praktischen Seite. Neben die Anschauung des Objekts muß, sie bedingend, die Anschauung des Entwurfs treten, des „Ideals", wie Fichte sagt: „Sonach finden sich da abermals vier Stücke: Gefühl der Beschränktheit, Gefühl des Strebens, Anschauung des bestimmten Objekts, Anschauung des Ideals. Diese vier Stücke sind notwendig vereinigt, eins kann ohne das andere nicht sein." (ebd. 87) Gefühl und Anschauung sowie auf jeder Seite Theoretisches und Praktisches bilden eine unlösliche Einheit.

Auch die Anschauung muß das Ich sich aneignen. Eine wesentliche Voraussetzung dafür, die Fichte eher beiläufig einbringt, ist, daß das Mannigfaltige der Gefühle nicht nur ein simultanes, sondern ein sukzessives ist, und daß es Veränderung darin gibt (ebd. 88). Der essentielle Zeitcharakter von Subjektivität ist bei Fichte überall mit Händen zu greifen; nun wird er langsam explizit gemacht. Die eigentliche „Deduktion" der Zeit kommt allerdings erst an späterer Stelle.

Die Beziehung der Anschauung auf das Ich in diesem sukzessiven Mannigfaltigen ist nur so möglich, daß es eine nach außen gerichtete und eine nach innen gerichtete Anschauung gibt. Diese – von Kant her ja vorgegebene – Unterscheidung soll hier also nicht einfach als faktischer Befund vorausgesetzt werden (wie bei Kant), sondern als notwendiges Ingrediens für freies Handeln erwiesen werden; in dem systematischen Zusammenhang soll zugleich das Aufeinander-Verwiesensein beider zutage treten: „Keine Anschauung des Nicht-Ich (äußere) ohne Anschauung des Ich (innere) und vice versa. Keines aber von beiden ist möglich ohne das Selbstgefühl, in welchem beide vereinigt sind, und in welchem sich der notwendige Zusammenhang von beiden zeigt." (ebd. 93) Eins ist immer die Bedingung der Möglichkeit des anderen; so soll die Systematik des Ich, sein gesamter Apparat von einem Zipfel aus – bei Fichte dem absoluten Postulat freien Handelns – rekonstruiert werden. Wie Fichte zu seiner Methode schreibt: „Eigentlich ist von allem, was wir bis hierher aufgestellt haben, nichts ganz möglich, bis wir zu Ende sind; denn wir haben noch immer Bedingungen der Möglichkeit aufzustellen; die Möglichkeit des Einzelnen läßt sich nur aufzeigen, wenn die Möglichkeit des Ganzen dargetan ist." (ebd. 101) Das Wesentliche seines Verfahrens spricht Fichte hier sehr anschaulich aus.

Raum und Zeit sind nach Kant Anschauungsformen, jener der äußeren, diese der inneren Anschauung. Auch Fichte will zu diesem Resultat kommen; er kann dies aber nur auf dem entgegengesetzten Weg wie Kant. Kant setzt voraus, daß wir raumzeitliche Erfahrungen haben und daß wir außerdem Geometrie betreiben können; daraus sucht er seine These zu begründen. Fichte geht den umgekehrten Weg: Bis jetzt sollte gezeigt werden, daß die Objektivierung einer Mannigfaltigkeit von Gefühlen nur für ein zugleich strebendes Wesen möglich ist, dessen Anschauung sowohl innere wie äußere ist. Nun muß er als weitere Bedingung der Möglichkeit dartun, daß beide Anschauungen ihre Funktion nur erfüllen können, wenn sie Raum und Zeit als Anschauungsformen besitzen. Die letzteren sind also als unentbehrliche Instrumente zu erweisen; die funktionalen Lücken, die vorhanden wären, wenn wir sie nicht hätten, müssen gezeigt werden. Das sind die „Bedingungen der Möglichkeit": Freie Handlungen sind unmöglich, wenn nicht das Wesen, das sie tun soll, innere und äußere Anschauungen und zu beiden die entsprechenden Anschauungsformen hat. Hier ist gut zu sehen, worum es Fichte geht, wenn er den richtigen Kantischen Resultaten die Gründe nachliefern will.

Auf Einzelheiten dieser Deduktionen, die ja in vieler Hinsicht sehr problematisch sind, will ich hier nicht eingehen. Der Raum ergibt sich als eine Bedingung der Möglichkeit, als eine Voraussetzung für Freiheit, und zwar im wesentlichen in drei Hinsichten: 1. Für Freiheit ist vorausgesetzt die Möglichkeit, die relative Lage von Objekten zu verändern. 2. Dazu gehört die Vorstellung der Kongruenz: Ich muß mir ein Objekt an einem anderen Ort denken können als an dem, an dem es ist. 3. Die Ortbestimmung selbst ist als relative veränderbar, damit auf Freiheit bezogen.

Im Unterschied zu der früheren Deduktion fällt vor allem die viel stärkere Einbeziehung handlungstheoretischer Argumente auf: Hier soll gezeigt werden, daß räumliche Bestimmungen notwendig zu einer Welt gehören, in der Handlungen möglich sein sollen. In Handlungen sollen zuvor entworfene Veränderungen in der Welt realisiert werden. Fichte will zeigen, daß das nur in einer räumlichen Welt möglich ist. Da schon feststeht, daß Anschauungen ohne Handlungen nicht möglich sind, sind allerdings auch jene davon abhängig. Der Raum ist so die „Sphäre für die Freiheit": „Der Raum ist die Sphäre für die Freiheit; das, was im Raume uns beschränkt, ist das Materiale, was immer bleibt." (ebd. 114) Eine Bedingung für das Handeln ist freilich auch, daß der Handelnde selbst sich im Raume findet. Von dieser Bedingung aus „deduziert" Fichte schließlich den Leib: „Der Raum, in dem ich sein soll, steht unter meiner Herrschaft; die Materie im Raume, die ich sein soll, und ihre Teile hängen von mir ab, es ist mein Leib, inwiefern er artikuliert ist." (ebd. 120) Daß der Raum Anschauungsform ist, soll aus dem Umstand folgen, daß er auf der Ebene der Gefühle noch nicht vorkommt, sondern sich erst bei den Anschauungen findet.

Wie der Raum primär Raum der Freiheit ist, so ist auch die Zeit primär Zeit der Freiheit. Daß sie eine Bedingung der Möglichkeit freien Handelns ist, dürfte evident sein, denn Handlungen haben notwendig eine zeitliche Struktur. Daß das vorausgesetzte Mannigfaltige ein sukzessives sein muß, ist schon gesagt worden; nun kommt auch die Dependenz der Reihe hinzu. Wir erfahren die Zeit im Unterschied zum Raum als gerichtet; daran knüpft Fichte an. Diese Dependenz ist erfordert dafür, daß das Wollen Kausalität in der Sinnlichkeit haben soll. „Nur so entsteht uns eine Zeit, in der wir das Mannigfaltige, inwiefern es im Verhältnisse der Dependenz steht, anschauen; und lediglich in-

wiefern das Mannigfaltige so angeschaut wird, ist eine Zeit."
(ebd. 130) Zu freien Handlungen gehört aber auch, daß in dieser
Reihe ein strikt Identisches vorkommt. Fichte nennt es die „intellektuelle Anschauung des Wollens". „Diese wird durch das
ganze diskursive Denken hindurch wiederholt; diese ist's, die in
allen Momenten hindurchgedacht wird." (ebd. 136) Dieses
durch die Reihe der Dependenzen „hindurchgedachte" strikt
Identische vermittelt den sinnlichen und den intelligibelen Bereich; es ist deswegen das, was Freiheit eigentlich ermöglicht.
Die Zeit wird so der Angelpunkt des ganzen Systems der Wissenschaftslehre (man vergleiche auch, was Fichte gemäß der
anderen Nachschrift dazu sagt; GA IV, 2, 124). Fichte sagt: Die
Zeit „ist Form der intellektuellen Anschauung, die aber dadurch, daß sie in diese Form aufgenommen wird, versinnlicht
wird. Die Zeit ist also das Mittelglied zwischen dem Intelligibelen und Sinnlichen; wir bekommen sonach dreierlei Anschauungen: a) sinnliche im Raume, b) intelligibele unseres Wollens,
c) solche, in welchen beides vereinigt ist, die Anschauung unseres Wollens in der Zeit" (WL 98, 137). Das für Freiheit anzu-
nehmende intertemporal strikt Identische faßt Fichte also als
Versinnlichung von etwas, das ursprünglich nicht in der Zeit ist.
– „Ich sehe mich selbst in die Zeit hinein; ich bin nicht in der
Zeit, inwiefern ich mich intellektualiter anschaue, als mich
selbst bestimmend." (ebd. 136) Dennoch ergibt sich die Zeit als
Mittelglied der beiden „Welten", die von Kant her vorgegeben
waren. Dies ist zweifellos das Vernünftigste, was aus dieser
Theorie zu machen war. Doch kann die These, daß die Zeit das
Mittelglied zwischen Intelligiblem und Sinnlichem ist, grund-
sätzlich von der idealistischen These der Anschauungsformen
gelöst werden. Daß dies geschehen sollte, ist die Auffassung des
Verfassers.[31] Fichte bleibt jenem Idealismus treu, demzufolge
Subjektivität irgendwie nachträglich in die Zeit fällt: „Eigentlich ist die intellektuelle Anschauung nur Eine, und in keiner
Zeit; nur durch's diskursive Denken wird sie geteilt, und fällt in
die Zeit." (ebd. 136) Das intertemporal Identische und das „Ge-
teilte" stehen nicht in Wechselwirkung – wie sonst beinahe alles
bei Fichte –; sondern jenes ist das „Eigentliche", dieses das

„nur" Hinterherkommende. Dies freilich ergibt sich so aus dem Kantischen Erbe.

Die Deduktionen von Raum und Zeit markieren einen wichtigen Einschnitt im Gang der Fichteschen Überlegungen. Er faßt danach sein bisheriges Resultat zusammen (ebd. 138): Ohne Handeln und ohne Zweckbegriff gibt es kein Erkennen von Objekten und umgekehrt. Für diesen Zirkel muß es einen ersten Ansatzpunkt geben. Dafür, daß er in Gang kommen kann, sieht Fichte eine ursprüngliche Einheit von Freiheit und Beschränkung erfordert: „Wir müßten eine Freiheit aufzeigen, die nicht Freiheit wäre, wenn sie nicht beschränkt wäre, und eine Beschränkung, die nicht beschränkt würde, wenn sie nicht frei wäre." (ebd. 139) Diese Beschränkung erscheint als „bestimmtes, absolutes Sollen, als kategorische Forderung" (ebd. 142). „Wir finden also Freiheit und Beschränktheit ursprünglich vereinigt in der kategorischen Forderung, die notwendig angenommen werden muß, wenn Bewußtsein erklärt werden soll: Freiheit, indem angefangen werden soll, Beschränktheit, inwiefern über die bestimmte Sphäre nicht hinausgegangen werden soll." (ebd. 143) Auch der kategorische Imperativ soll als Bedingung der Möglichkeit von Bewußtsein erwiesen werden, als etwas, das sich nicht nur zufälligerweise hinzukommend im vernünftigen Wesen findet, sondern unentbehrlich für dessen Funktionieren überhaupt ist. Der Gedanke dabei ist, daß es grundsätzlich ohne Freiheit kein Erkennen gibt, daß zu Freiheit aber außer der äußeren auch eine innere Beschränktheit gehören muß, ohne welche die gesamte Wechselwirkung von Freiheit und Beschränktheit nicht möglich wäre. Diese der Freiheit immanente Beschränkung ist im System des Ich der Gegenpol zu der Beschränkung im Gefühl: „Alles Denken, alles Vorstellen liegt zwischen dem ursprünglichen Wollen und der Beschränktheit durch Gefühl in der Mitte." (ebd. 143) Beide Grenzen sind für ein Ich erforderlich. Als Vermittlung zwischen ihnen ergibt sich die Begierde, die ebenfalls „Bedingung des Selbstbewußtseins" ist: „Wer der Begierde entledigt sein will, der will des Bewußtseins entledigt sein." (ebd. 145) Aus der Vereinigung schließlich des reinen Wollens mit der Begierde „entsteht das

Gefühl eines Sollens, eines inneren, kategorischen Treibens zum Handeln" (ebd. 145). Fichte meint deswegen, daß ein solches Gefühl notwendig im Bewußtsein eines jeden Vernunftwesens vorkommt.

Auch der Dualismus von Geist und Leib wird von Fichte auf diese Weise deduziert. Um seine Gedanken zu verstehen, sei zunächst nur kurz an Kants Theorie der Gemeinschaft der Seele mit dem Körper erinnert (KRV A 384–388; B 427). Da der Raum als Anschauungsform außer der Seele gar nicht angetroffen werden kann, so führt Kant aus, müssen in dieser Gemeinschaft nicht heterogene Substanzen aufeinander bezogen werden, sondern nur Erscheinungen zweier Art, die aber alle beide nur zum denkenden Subjekt gehören. „Nun ist die Frage nicht mehr von der Gemeinschaft der Seele mit anderen bekannten und fremdartigen Substanzen außer uns, sondern bloß von der Verknüpfung der Vorstellungen des inneren Sinnes mit den Modifikationen unserer äußeren Sinnlichkeit, und wie diese untereinander nach beständigen Gesetzen verknüpft sein mögen, so daß sie in einer Erfahrung zusammenhängen." Kant nennt es dort sogar das „Täuschende", daß sich die äußeren Vorstellungen, „da sie Gegenstände im Raume vorstellen, ... sich gleichsam von der Seele ablösen und außer ihr zu schweben scheinen" (KRV A 385).

Fichte übernimmt diese Konzeption; er will nur außerdem die Vorstellungen beider Arten als im Haushalt des Ich erforderlich aufweisen. In der Tat, ein Ich, dem eine von beiden abgeht, ist nicht vorstellbar. So heißt es: „Ich und mein Leib, ich und mein Geist heißt dasselbe. Ich bin mein Leib, inwiefern ich mich anschaue, ich bin mein Geist, inwiefern ich mich denke. Eins aber kann ohne das andere nicht sein, und dies ist die Vereinigung des Geistes mit dem Leibe." (a.a.O. 160) Fichte beschreibt dies auch als „inneres und äußeres Organ".

Ein letzter Punkt betrifft die Deduktion der Individualität, des Verhältnisses eines individuellen Ich zu anderen. Seinem Programm zufolge muß Fichte beweisen, daß ein Ich als einzelnes nicht möglich ist, daß das Verhältnis zu anderen bedingend ist für den einzelnen. Es soll kein kontingentes Faktum sein, daß ein Individuum im Kontakt mit anderen ist. Der Punkt, an dem Fichte einsetzt, ist die freie Willensbestimmung: Trotz des kategorischen Imperativs und der darin liegenden absoluten Forderung kann ein Individuum die Aufgabe, seinen Willen zu bestimmen, nicht alleine erfüllen. Während nach Wittgenstein einer allein keiner Regel folgen kann,[32] will Fichte zeigen, daß einer allein keine Zwecke haben kann. Der „erste Zweck" setzt ein wirkliches Wollen eines anderen, fremden Individuums voraus, das mich auffordert. Eine verstandene Aufforderung verlangt eine freie Reaktion; ich muß mich entscheiden, ob ich gehorche oder ablehne. Außerdem erfahre ich im Verstehen einer Aufforderung auch den anderen als frei, und erfahre auch, daß dieser mich als frei anerkennt, denn sonst könnte er mich nicht auffordern. Ein Bewußtsein von Freiheit gibt es nur in dieser Wechselseitigkeit; einer allein kann sich nicht als frei erkennen. Ohne eine solche auf einen äußeren Willen zurückgehende Aufforderung kann es deswegen nicht zu einer bestimmten Zwecksetzung kommen; ohne diese aber, wie schon gesagt, überhaupt nicht zur Begriffsbildung und zu objektivem Erkennen. Fichte sagt so: „Die erste Vorstellung, die ich haben kann, ist die Aufforderung meiner als Individuum zu einem freien Wollen." (ebd. 177) Das Vorstellen muß beginnen mit der Erfahrung des Aufgefordertwerdens. Kein Individuum kann deswegen aus sich erklärt werden; es kann kein erstes freies Individuum geben. Und der wesentliche Kontakt zwischen Individuen betrifft die praktische Seite, die Willensbestimmung, das Sich-Vorsetzen von Zwecken.

Daß das Individuum nicht aus sich erklärt werden kann, widerspricht für Fichte nicht dem Anspruch, daß das Ich allein aus sich erklärt werden muß, denn eine Aufforderung setzt zwar verschiedene Individuen, aber in ihnen eine identische Vernunft voraus. Das Verhältnis zwischen absoluter Vernunft und individuellem Ich wird von Fichte als eines von Bestimmbarem und Bestimmtem gedacht: Sich als Individuum Erkennen ist ein „Fortgehen vom Bestimmbaren zum Bestimmten"; „ich bin – ein durch sich selbst herausgegriffener Teil aus den Vernunftwesen" (ebd. 177). Die „Absolutheit der gesamten Vernunft,

des Vernunftreichs" ist das höchste Bestimmbare, das Individuum ist ein herausgegriffener Teil davon. Schon aus der *Zweiten
Einleitung* hatten wir erfahren, daß für die Wissenschaftslehre
die Vernunft Substanz, Individualität aber nur akzidentell sein
soll. Die Konzeption erinnert insofern an diejenige Spinozas. Es
dürfte aber auf der Hand liegen, daß das Verhältnis von Vernunft und Individualität mit diesen Begriffen nicht befriedigend
zu bestimmen ist. Fichte erörtert viele Themen, die nur bezüglich individueller Personen Sinn machen – wie Gefühl, Streben,
Anschauung usw. –, bevor die Individualität abgeleitet ist. Diese wird gerade mit Hilfe jener Begriffe deduziert. Der Status des
Ich bleibt so fortwährend unklar: ein überindividuelles kann
keine Gefühle haben, ein individuelles kann auf diesen frühen
Stufen nicht gemeint sein. Es ist ähnlich wie bei der Zeit: die
einseitige Bestimmung, daß die Vernunft Substanz und die Individualität akzidentell sein soll, ist sicherlich falsch. Substanzen und Akzidenzen gibt es in diesem Verhältnis nicht.

In den letzten drei Paragraphen sucht Fichte die Gesamt-
struktur von Subjektivität als einen fünffachen „synthetischen
Periodum" (ebd. 188, 216 u.ö.) zu fassen. Man mag sich das
anschaulich wie die Fünf auf einem Spielwürfel vorstellen: einem Zentrum stehen zwei Paare von Gegensätzen gegenüber,
die auch einander entgegengesetzt sind. Das Zentrum ist Freiheit; ihr gegenüber stehen die ideale Reihe (der Entwurf, die
Zwecke) sowie die reale Reihe (die Beziehung auf Objekte).
Auf beiden Seiten gibt es wieder den Gegensatz von Bestimmbarem und Bestimmtem. Alle einzelnen Positionen aber stehen
in wechselseitigen Bedingungsverhältnissen; wenn die Aufgabe
vollendet und der Kreis geschlossen ist, heißt es deswegen, das
Bewußtsein sei gleich einem Zirkel (ebd. 227). Die Kernstruk-
tur ist die des Verstehens einer freien Aufforderung, der „ersten
Vorstellung", in der Realität und Idealität, Freiheit und Natur,
Vernunft und Individualität, Zweckentwurf und Wirklichkeits-
bezug untrennbar und ursprünglich ineinander verschränkt
sind. Der Anfang des Fichteschen Systems ist die intellektuelle
Anschauung von Freiheit; das System selbst ist die Entfaltung
der Bedingungen der Möglichkeit von Freiheit, die sich schließ-

lich in diesem Verstehen der Aufforderung konzentrieren. Die „normale" Realitätserfahrung ist nur ein Glied in diesem Ganzen. Natur ist so für Fichte letztlich etwas, das auffordernde fremde Individuen möglich macht. Das Naturganze ist deswegen organisierend und organisiert: „Das ganze Universum ist auch ein organisiertes Ganze, wie der Leib eines Vernunftwesens. Es ist es notwendig, weil einzelne organisierte Ganze in ihr möglich sind; welche bloß durch die gesamte Kraft der Natur möglich sind; sie sind bloß Produkt der Organisation des ganzen Universums." (ebd. 238) Wie das Individuum der Vernunftwelt ein Teil der Sinnenwelt wird, so erhält umgekehrt die Sinnenwelt in dieser Organisationsfähigkeit ein Analogon der Freiheit. So schließt Fichte: „Die Vernunftwelt steht (intern durch die freien Individuen, P. R.) in Wechselwirkung, die Sinnenwelt (ebenso in sich, P. R.), und beide Welten stehen miteinander in gegenseitiger Wechselwirkung und erscheinen so: zuförderst in artikulierten Leibern greift Natur und Freiheit ineinander, vermittelst der Freiheit des Individuums, und so wirkt die ganze Freiheit in die ganze Natur; umgekehrt die Natur bringt erst artikulierte Leiber hervor, und produziert auf dem gemeinen Gesichtspunkt Vernunftmöglichkeit, und greift ins Reich vernünftiger Wesen ein; dadurch ist unsere Synthesis geschlossen, und da (sie) alles, was im Bewußtsein vorkommt, enthält, so ist unsere Aufgabe vollständig gelöst und unsere Arbeit vollendet." (ebd. 239) Fichte betont aber – wohl schon gegen Schellings Naturphilosophie –, daß sich diese Synthesis nur von der idealen Seite, von der Freiheit aus entwickeln läßt; „von der anderen Seite hätten wir nicht fortkommen und unser Ziel erreichen können" (ebd. 238). Sinnenwelt und Vernunftwelt stehen zwar in Wechselwirkung, diese kann aber nur von der letzteren aus verstanden werden.

Als Anhang gibt Fichte eine „Deduktion der Einteilung der Wissenschaftslehre", die den Aufbau des Gesamtsystems entwirft. Es ergeben sich – im Anschluß an die grundlegende Wissenschaftslehre – vier Systemteile:

1. Die theoretische Philosophie oder „Weltlehre" hat die Natur zum Objekt. Fichte hält zweifellos eine Naturphilosophie

für möglich und notwendig, obwohl er eine solche nicht ausgeführt hat (vgl. auch die Bemerkungen über „Fichtes Physik" ebd. 209). Die Grundbestimmungen der Natur müssen sich durch Analyse aus den Resultaten der Wissenschaftslehre entwickeln lassen.

2. Der zweite Teil ist die Sittenlehre. Fichtes Schrift von 1798 wird im übernächsten Abschnitt betrachtet werden.

3. Der dritte Teil gliedert sich in Rechtsphilosophie und Religionsphilosophie. Jene, die in der Mitte zwischen theoretischer und praktischer Philosophie steht, behandelt die wechselseitige Einschränkung der Freiheitsrechte, die durch den Vernunftzweck erforderlich ist. Fichtes großes Werk von 1796/97 soll im nächsten Abschnitt behandelt werden.

Die Religionsphilosophie, die mit der Rechtsphilosophie ganz nahe verwandt ist und in demselben Gebiet liegt, behandelt das Postulat, daß die Natur sich durch ein übersinnliches Gesetz dem Zweck der Moralität akkommodieren soll. – Zu einer eigentlichen Ausarbeitung dieses Teils ist Fichte nicht gekommen. Ein aus äußeren Gründen entstandener Aufsatz zu diesem Thema von 1798 hat den Atheismusstreit veranlaßt, in dessen Folge Fichte sein Gesamtsystem umbaut (vgl. Abschnitt 9).

4. Der vierte Teil ist die Ästhetik. Sie steht in gewisser Weise der gesamten übrigen Philosophie gegenüber, insofern diese sich als ganze auf dem transzendentalen Gesichtspunkt befindet, während die Ästhetik zwischen diesem und dem gemeinen in der Mitte steht. Erst in ihr wird deswegen die Möglichkeit von Philosophie selbst begreiflich, – die Möglichkeit, sich von dem gemeinen auf den transzendentalen Gesichtspunkt zu erheben. Deswegen bedarf der Philosoph des ästhetischen Geistes: „Derselbe Geist, durch dessen Ausbildung man ästhetisch wird, derselbe Geist muß den Philosophen beleben, und ohne diesen Geist wird man es in der Philosophie nie zu etwas bringen." (ebd. 244)

Eine ausgearbeitete Ästhetik hat Fichte nicht vorgelegt. Seine Grundgedanken ergeben sich aus dem Aufsatz *Über Geist und Buchstab in der Philosophie* (GA I, 6, 313–361 / FW VIII, 270–

300), der 1795 für Schillers *Horen* entstand, von Schiller aber zurückgewiesen wurde und so erst 1798 im *Philosophischen Journal* erschien. Schillers Zurückweisung war Anlaß einer scharfen brieflichen Auseinandersetzung zwischen beiden; auch diese Briefe sind zum Verständnis von Fichtes ästhetischen Anschauungen wichtig. Es wird deutlich, daß Fichte sich in den Resultaten mehr oder weniger eng an die Kantische Ästhetik anschließen und diese nur in den eigenen Ansatz integrieren wollte.

Von den projektierten Teilen des Gesamtsystems sind also nur Rechtsphilosophie und Sittenlehre ausgearbeitet worden. Ihnen wollen wir uns nun zuwenden.

7. Die Grundlage des Naturrechts 1796/97

Bereits vor dem Erscheinen von Kants *Metaphysik der Sitten* (1797), die seine Rechtsphilosophie enthält, haben einige Autoren versucht, auf der Basis der Kantischen Moralphilosophie die Rechtsphilosophie neu zu begründen, sozusagen vom kategorischen Imperativ aus ein neues Naturrecht aufzubauen. Auch auf diesem Gebiet hat bald eine intensive, fruchtbare, weit gefächerte Diskussion der Kantischen Gedanken stattgefunden. Schon erwähnt wurde das für Fichte wichtige Buch von Theodor Schmalz *Das reine Naturrecht* (1791); andere solche Versuche waren: G. Hufeland *Lehrsätze des Naturrechts und der damit verbundenen Wissenschaft* (1795); C. Chr. E. Schmid *Grundriß des Naturrechts* (1795); J. Chr. Hoffbauer *Naturrecht* (1793); K. H. Heydenreich *Das Naturrecht nach den Grundsätzen der Vernunft* (1794/95). Fichtes umfangreiche Schrift *Grundlage des Naturrechts nach Prinzipien der Wissenschaftslehre* (GA I, 3, 291–460 u. 4,1–165 / FW III, 1–386), die 1796/97 – also ebenfalls noch vor der Kantischen *Metaphysik der Sitten* – erschienen ist, gehört in den Kontext dieser Arbeiten und muß in diesem Rahmen gesehen werden. Wir müssen uns hier auf eine immanente Skizzierung der Grundgedanken beschränken.

Das Werk beginnt mit dem Aufweis, daß ein freies Individuum nicht als einzelnes vorkommen kann, sondern andere freie Individuen außer sich haben muß: „Das endliche Vernunftwesen kann eine freie Wirksamkeit in der Sinnenwelt sich selbst nicht zuschreiben, ohne sie auch anderen zuzuschreiben, mithin auch andere endliche Vernunftwesen außer sich anzunehmen." (ebd. 340/30) Dies ist der im vorigen Abschnitt schon betrachtete Gedanke, daß einer allein keine Zwecke haben kann, daß er dazu einer Aufforderung durch andere freie Wesen bedarf. Wie Fichte sagt: „Sollen überhaupt Menschen sein, so müssen mehrere sein." (ebd. 347/39) Dies sei keine auf Erfahrung oder Wahrscheinlichkeitsgründe gestützte Annahme, sondern streng zu erweisen.

Zu einer Aufforderung gehört nun ein wechselseitiges Verhältnis freier und sich als frei anerkennender Individuen (vgl. oben S. 80 f.). Man kann sich nicht selbst als frei erfahren, ohne andere als frei zu erfahren – und zugleich so zu behandeln; schon Aufforderungen selbst sind auch Handlungen gegen andere. Wie Fichte sagt: „Das Verhältnis freier Wesen zueinander ist daher das Verhältnis einer Wechselwirkung durch Intelligenz und Freiheit. Keines kann das andere anerkennen, wenn nicht beide sich gegenseitig anerkennen; und keines kann das andere behandeln als ein freies Wesen, wenn nicht beide sich gegenseitig so behandeln." (ebd. 351/44) Auf diesem Sachverhalt beruht, wie Fichte sagt, seine ganze Theorie des Rechts. Es soll als „Bedingung der Möglichkeit des Selbstbewußtseins" die „allgemeine und durchgängige Anmutung" erwiesen werden: „Aber ich muß allen vernünftigen Wesen außer mir, in allen möglichen Fällen anmuten, mich für ein vernünftiges Wesen anzuerkennen." (ebd. 353/46) Daraus ergibt sich schließlich der grundlegende „Rechtssatz": „Ich muß das freie Wesen außer mir in allen Fällen anerkennen als ein solches, d. h. meine Freiheit durch den Begriff der Möglichkeit seiner Freiheit beschränken." (ebd. 358/52) Das Rechtsverhältnis besteht demnach in der wechselseitig symmetrischen Beschränkung der Freiheitssphären.

Der kritische Leser wird sich fragen, wie hier der Übergang von Tatsachen – was „Bedingung der Möglichkeit des Selbstbewußtseins" ist, muß Tatsache sein – zu normativen Sätzen vor sich gehen soll. Fichte ist sich dieser Probleme durchaus bewußt; er versucht zu zeigen, daß die Forderung an den anderen darin enthalten ist, sich als Individuum zu verstehen, und daß es letztlich dann Sache der Konsequenz ist, daß das vergangene freie Anerkennen, ohne das es kein Individuum gibt, auch für die zukünftigen Handlungen gelten muß. So beansprucht er, das Rechtsverhältnis aus dem Begriff des Individuums deduziert zu haben.

Dieses so deduzierte Naturrecht wird von dem Sittengesetz strikt getrennt; beides seien „völlig entgegengesetzte" Disziplinen. Es wird nicht ausgeschlossen, daß das Rechtsgesetz durch den kategorischen Imperativ eine zusätzliche Sanktion erhalten kann; die eigentlich rechtliche Sanktion des Rechtsbegriffs aber soll von jenem völlig unabhängig sein und sich auf etwas ganz anderes stützen. Diese scharfe Trennung von Recht und Sittlichkeit ist befremdlich und vermutlich irrig. Fichte will die Rechtssphäre von allem trennen, was mit der Gesinnung zu tun hat. Wie Kant ungefähr gleichzeitig schrieb, das Problem der Staatserrichtung sei auch für ein Volk von Teufeln auflösbar – also für Wesen ohne jede Spur einer moralischen Gesinnung –, so wollte auch Fichte das Recht von solchen Gesinnungen unabhängig machen. Die Gültigkeit des Rechts geht also nicht auf den kategorischen Imperativ zurück, der für das Recht keine Bedeutung hat, sondern auf Verträge – und auf Macht. Das bedeutet selbstverständlich nicht, daß es nicht auch beim Recht den Unterschied von Vernünftigkeit und Vernunftwidrigkeit gäbe.

In der „Deduktion der Anwendbarkeit des Rechtsbegriffs" entwickelt Fichte den sinnlichen Rahmen der Rechtssphäre. Zunächst wird (wie in der Wissenschaftslehre nova methodo) der Leib deduziert; dann geht es um die Möglichkeiten sinnlicher Einflußnahme verschiedener Individuen aufeinander, die an Leiblichkeit gebunden ist. In diesem Kontext „deduziert" Fichte als Medien solcher Einflußnahme auch Luft und Licht (ebd. 377/76), was ihm den Spott Hegels zuziehen sollte: „Dies enthält die Wendung: Der Mensch muß essen, also muß etwas Eßbares da sein, – somit sind Pflanzen und Tiere deduziert; die Pflanzen müssen in etwas stehen, – somit ist die Erde deduziert."[33] Hegel hat nicht Unrecht, wenn er dergleichen ein „bloßes äußerliches Fortgehen" nennt.

Diese sinnlichen Umstände sind für Fichte die äußeren Bedingungen der Anwendung des Rechtsbegriffs. Die inneren bestehen in dem kontingenten Faktum, daß alle das Recht wollen: „Hat der andere diesen Willen nicht, und welches der sichere Beweis davon ist, behandelt er den ersteren dem Rechtsgesetze zuwider, so ist der erstere durch das Gesetz selbst vom Gesetze losgesprochen." (ebd. 387/89) Das Rechtsgesetz hat insofern eine bloß hypothetische Gültigkeit.

Der Inhalt des Rechtsgesetzes ist: „Zu einer Handlung, die die Freiheit und Persönlichkeit eines anderen unmöglich macht, hat keiner das Recht; zu allen übrigen freien Handlungen hat es ein jeder." (ebd. 390/93 f.) In der „Systematischen Anwendung des Rechtsbegriffs" sucht Fichte, aus dieser Grundregel konkretere Rechtsbestimmungen zu entwickeln. In dem ersten Kapitel dieses Abschnittes deduziert er „Urrechte" – Rechte also, die dazu gehören, daß jemand frei ist, die deswegen „jeder Person als einer solchen absolut zukommen" sollen (ebd. 404/113). Dazu gehören Integrität des Leibes, Eigentum und Selbsterhaltung. „Alles jetzt Deduzierte zusammengefaßt, fordert die Person durch ihr Urrecht eine fortdauernde Wechselwirkung zwischen ihrem Leibe und der Sinnenwelt, bestimmt und bestimmbar, lediglich durch ihren frei entworfenen Begriff von derselben." (ebd. 409/118)

Zweitens wird das Zwangsrecht behandelt. Ein solches habe ich gegen jemanden, der meine Urrechte nicht respektiert. Es geht dabei um eine Einrichtung, die mit gleichsam mechanischer Notwendigkeit bewirken soll, daß jede rechtswidrige Handlung zum Gegenteil des intendierten Zweckes führt. Gefordert ist also eine „zwingende, den Angreifer unwiderstehlich bestrafende Macht" (ebd. 430/146). Eine solche Macht muß zugleich ihrerseits frei sein; zur Errichtung eines Zwangsrechts ist deswegen ein Vertrag zu schließen zwischen denjenigen, die an der zu schaffenden Sicherheit interessiert sind. Außerhalb eines Gemeinwesens ist sonach keine Anwendung des Zwangsrechts möglich; nur in ihm und unter positiven Gesetzen besteht ein rechtliches Verhältnis zwischen Menschen. Ein Naturrecht im Sinne eines vorstaatlichen Rechtes gibt es nicht, der Staat selbst wird der Naturstand des Menschen (ebd. 432/149). Die Urrechte bestehen zwar unabhängig vom Staat, der Einsatz von Macht zu ihrem Schutz ist aber nur in ihm rechtmäßig.

Dies führt drittens zur „Deduktion des Begriffs eines gemeinen Wesens". Es soll eine Organisation des Staates entwickelt werden, die nach Möglichkeit gewährleistet, daß der gemeinsame Wille auch gesetzlicher Wille bleibt und zugleich mit der nötigen Macht ausgestattet ist. Zunächst wird ein „konstitutionelles Gesetz" verlangt. Es soll in dem Sinne in sich zurückgehen, daß es festgelegt, daß es keine Rechtsgültigkeit für das Folgende hat, ehe nicht alles Vorhergegangene nach ihm entschieden ist. Die Sicherung einer solchen gesetzlichen Ordnung verlangt Institutionen, die einerseits die Macht haben, sie durchzusetzen, andererseits selbst im Falle gesetzeswidrigen Handelns zur Verantwortung gezogen werden können. „Eine Verfassung, wo die Verwalter der öffentlichen Macht keine Verantwortlichkeit haben, ist eine Despotie." (ebd. 440/160) Auch die direkte Demokratie, in der Partei und Richter in öffentlich–rechtlichen Fragen nicht getrennt werden, ist nach Fichte rechtswidrig. Er meint, aus der Besonderheit dieser zu lösenden Aufgabe die „absolute Notwendigkeit einer Repräsentation" aus reiner Vernunft bewiesen zu haben. Die Repräsentanten (d.h. die Personen, denen die exekutive Macht anvertraut wird) können gewählt werden – die repräsentative Demokratie ist eine rechtmäßige Verfassung –, sie können aber auch, wie in der Erb-Monarchie, durch Geburt bestimmt sein. Fichtes Gedankengang tendiert hier deutlich in die Richtung, daß nur die repräsentative Demokratie eine rechtmäßige Verfassung ist; daß die Verwalter der exekutiven Gewalt nicht gewählt zu werden brauchen, fügt sich nur schlecht in seine Konzeption. Aber derartige Auffassungen konnte ein Hochschullehrer 1796 kaum vertreten, zumal wenn er wie Fichte wegen der Schriften von 1793 ohnehin als „Revolutionsfreund" galt. Wichtig ist, daß die exekutive Macht sich in jedem Fall vor einem weiteren, von ihr getrennten Gremium zu verantworten hat, dem „Ephorat" (ebd. 440/160). Es hat selbst keine exekutive Gewalt, sondern ist eine Institution, die die Exekutive beurteilt und kontrolliert hinsichtlich der rechtmäßigen Verwaltung ihrer Macht. Man kann das Ephorat in funktionaler Hinsicht in etwa unserem Verfassungsgericht vergleichen, das ja ebenfalls, ohne selbst Macht auszuüben, die Rechtmäßigkeit derer kontrolliert, die sie verwalten. Da es seine Kontrollfunktionen gegenüber der Exekutive wirkungsvoll muß ausüben können, wird eine Reihe von rechtlichen Regelungen vorgeschlagen, die insgesamt sichern sollen, daß jeder, der Macht inne hat, hinsichtlich ihrer rechtmäßigen Ausübung kontrolliert werden kann. So sollen die Verhandlungen der Staatsgewalt öffentlich sein; es werden turnusmäßige, in festgesetzten Fristen stattfindende Volksversammlungen erwogen (man kann an unsere Wahlen denken); die Ephoren haben das Recht des Staatsinterdiktes, d.h. sie können, obwohl selbst ohne exekutive Gewalt, die Inhaber derselben durch „öffentlich angekündigte Suspension" zu bloßen Privatpersonen erklären; die Ephoren müssen eine durch Gesetz gesicherte Unverletzlichkeit besitzen usw. Sogar zur Kontrolle der Ephoren – insbesondere zur Vermeidung der Gefahr, daß sie mit der Exekutive gemeinsame Sache machen, dem Recht zuwider – überlegt Fichte sich noch Maßnahmen. Das letzte Wort muß das Volk behalten; wenn es sich versammelt, bricht seine Entscheidung jedes andere Recht. „Das Volk ist in der Tat und nach dem Rechte die höchste Gewalt, über welche keine geht, die die Quelle aller anderen Gewalt, und die Gott allein verantwortlich ist. ... Nur Gott ist über das Volk; soll daher gesagt werden können: ein Volk habe gegen seinen Fürsten rebelliert, so muß angenommen werden, daß der Fürst ein Gott sei, welches schwer zu erweisen sein dürfte." (ebd. 457/182). Auf diese Weise möchte Fichte das vertrackte Problem lösen, daß einerseits das Recht einer Macht bedarf, die es durchsetzt, daß aber andererseits derjenige, der die Macht hat, versucht ist, dem Recht widersprechende Ziele zu verfolgen, und deswegen der rechtlichen Zügel bedarf. Diese Kontrolle muß wieder Macht haben – wir landen bei einem infiniten Regreß. Fichte sucht dem zu entgehen durch eine ausgeklügelte Verteilung verschiedener rechtlicher und machtmäßiger Funktionen auf die drei Grundgrößen seiner Konzeption – das Volk in seiner Gesamtheit, die Inhaber der exekutiven Gewalt sowie das Ephorat. Ein solches Balance-System sei das einzig mögliche, solange man nicht der praktischen Vernunft in Person die Macht anvertrauen und sie zum Regenten machen kann.

Im zweiten Hauptteil des Werkes, dem „angewandten Naturrecht", entwickelt Fichte bis in Kleinigkeiten hinein die rechtlichen Vorschriften, die sich aus den Grundlagen ergeben sollen. Hier spricht sich seine große Zuversicht aus, daß auch diese Einzelheiten philosophisch behandelt werden können und müssen. Der Philosoph ist Experte für alles. Hegel hat auch diese Detailsucht kräftig verspottet. Fichte handelt über Landwirtschaft, Bergbau, Viehhaltung, Gewerbe, Handel, Geld, Notrecht, über peinliche Gesetzgebung, über Regeln beim Straßenbau, über die Kontrolle von Ärzten und Apotheken – bis hin zur Beschreibung von Pässen mit Paßbildern (GA I, 4, 87f. / 295f.). Wie man gerade an diesem letzten Beispiel sieht, ist 1797 von seinen Ausführungen manches durchaus zukunftsträchtig gewesen.

Vor allem dürfte dies gelten für die Prinzipien der Sozialgesetzgebung, die Fichte entwickelt: „Es ist Grundsatz jeder vernünftigen Staatsverfassung: Jedermann soll von seiner Arbeit leben können." (ebd. 22/212) Denn „leben zu können ist das absolute unveräußerliche Eigentum aller Menschen" (ebd.); der Sinn des Eigentumsvertrags ist es, die Erreichung dieses Zwecks für jedermann zu garantieren. Deswegen hat die Exekutive die unbedingte rechtliche Pflicht, Rahmenbedingungen zu schaffen, in denen jeder arbeiten kann und mit seiner Arbeit seinen Lebensunterhalt findet. Fichte kannte von seiner Herkunft her die sozialen Probleme der unteren Schichten sehr genau; deswegen sein energisches Eintreten für das Recht der Armen auf Unterstützung. Wo Not ist, gilt das Eigentumsrecht der Wohlhabenden nicht mehr. Fichte schreibt: „Sobald also jemand von seiner Arbeit nicht leben kann, ist ihm das, was schlechthin das Seinige ist, nicht gelassen, der Vertrag ist also in Absicht auf ihn völlig aufgehoben, und er ist von diesem Augenblick an nicht mehr rechtlich verbunden, irgendeines Menschen Eigentum anzuerkennen. ... Von dem Augenblick an, da jemand Not leidet, gehört keinem derjenige Teil seines Eigentums mehr an, der als Beitrag erfordert wird, um einen aus der Not zu reißen, sondern er gehört rechtlich dem Notleidenden an. ... Die exekutive Macht ist darüber so gut als über alle anderen Zweige der

Staatsverwaltung verantwortlich, und der Arme, es versteht sich, derjenige, der den Bürgervertrag mit geschlossen hat, hat ein absolutes Zwangsrecht auf Unterstützung." (ebd. 22 f./213)

In zwei Anhängen behandelt Fichte Familienrecht und Völkerrecht. Ersteres zeigt, auf welche Weise selbst der rationalste Philosoph Opfer zeitbedingter Vorurteile werden kann. Aus dem vom Begriff des freien Individuums ausgehenden Naturrecht würde folgen, daß Männer und Frauen – daß beide freie Individuen sind, bestreitet Fichte natürlich nicht – gleiche Rechte haben. Die damaligen Vorurteile besagen etwas anderes. Fichte kann sich nicht von ihnen lösen, also sucht er nach einem Grund, der einen Unterschied rechtfertigen könnte. Da Männer und Frauen sich nun einmal durch das Geschlecht unterscheiden, müßte ein solcher Grund mit diesem zu tun haben. Fichte kommt zu einer erstaunlichen Lösung: im Akt der Zeugung verhalte das männliche Geschlecht sich nur tätig, das weibliche nur leidend. Auf diesen angeblichen Unterschied gründet er die weiteren. Auf die Frage: „Hat das Weib die gleichen Rechte im Staate, welche der Mann hat?" gibt er die Antwort: „Die Weiber üben sonach ihr Stimmrecht über öffentliche Angelegenheiten wirklich aus; nur nicht unmittelbar durch sich selbst, weil sie dies nicht wollen können, ohne ihrer weiblichen Würde zu vergeben; sondern durch den billigen und in der Natur der ehelichen Verbindung gegründeten Einfluß, den sie auf ihre Männer haben." (ebd. 130/346)

Von größerem systematischen Interesse ist der zweite Anhang über das Völkerrecht. Kurz zuvor 1795 war Kants berühmte Schrift über den ewigen Frieden erschienen. An sie knüpft Fichte an. Kriege sind nichts, was die Legalität in dem Verhältnis der Staaten zueinander sichern könnte, da es kein Mittel gibt, das garantiert, daß immer der gewinnt, der die gerechte Sache hat. Zur rechtmäßigen Lösung zwischenstaatlicher Konflikte entwickelt Fichte deswegen wie Kant das Modell eines Völkerbundes (ebd. 160/380). Dieser soll die Einhaltung zwischenstaatlicher Verträge kontrollieren und – als Bund vieler Staaten – die Macht haben, das Recht durchzusetzen. „Wie dieser Bund sich weiter verbreitet, und allmählich die ganze

Erde umfaßt, tritt der ewige Friede ein; das einzige rechtmäßige Verhältnis der Staaten." (ebd. 162/382)

In seiner Schrift unterscheidet Fichte die Rechtslehre, die rein a priori sei, von der Politik als derjenigen „Wissenschaft, welche es mit einem besonderen, durch zufällige Merkmale (empirisch) bestimmten Staate zu tun hat und betrachtet, wie das Rechtsgesetz in ihm sich am füglichsten realisieren lasse" (ebd. 80/286). Aber auch mit dieser Politik im eigentlichen Sinne, der empirisch bedingten Wissenschaft, hat er sich immer wieder befaßt. Hier sei noch ein kurzer Blick geworfen auf die ihr gewidmete 1800 erschienene Schrift *Der geschlossene Handelsstaat. Ein philosophischer Entwurf als Anhang zur Rechtslehre und Probe einer künftig zu liefernden Politik* (GA I, 7, 1–141 / FW III, 387–513). In der Zueignung an den preußischen Minister von Struensee hebt Fichte hervor, daß er auch diese Wissenschaft für das Geschäft des spekulativen Philosophen als solchen hält.

In praktischer Politik hatte Fichte keinerlei Erfahrung, vermutlich hätte er solche sogar verachtet. Auch kannte er kaum die englischen Klassiker der Ökonomie, die zu gleicher Zeit Hegel in Frankfurt gründlich studiert hat. Sein Erfahrungshorizont ist durch die bäuerliche und handwerkliche Gesellschaft bestimmt, aus der er stammt. Dies ist bei der Interpretation dieser seltsamen Schrift im Blick zu behalten.

Schon in der *Grundlage des Naturrechts* hatte Fichte dargelegt, daß der Staat soziale Verantwortung hat und rechtlich verpflichtet ist, seinen Bürgern den Lebensunterhalt zu ermöglichen. An solche Überlegungen anknüpfend, entwickelt Fichte nun eine streng planwirtschaftliche Staatsordnung, in der das gesamte ökonomische Leben zentral gelenkt wird, weil er der Auffassung war, daß auf andere Weise der Staat seiner Verpflichtung nicht nachkommen könne. Seine Konzeption beruht auf der Einsicht, daß der Schutz des Eigentums nicht getrennt werden darf von der Kontrolle derjenigen wirtschaftlichen Prozesse, in denen es entsteht. Nicht ein auf beliebige Weise entstandenes Eigentum darf der Staat rechtlich schützen, sondern nur eines, das auf eine sozial verträgliche, akzeptable Weise zustande gekommen ist. Die erste Pflicht des Staates ist, diese

Entstehungsprozesse in gerechter Weise zu steuern; erst wenn dies geschehen ist, kann das Eigentum rechtlich abgesichert werden. Wie Fichte gleich zu Beginn seiner Schrift sagt: „Es sei die Bestimmung des Staats, jedem erst das Seinige zu geben, ihn in sein Eigentum erst einzusetzen und sodann erst, ihn dabei zu schützen." (ebd. 53/399) Die Rechtsordnung ist dadurch eng verbunden mit Fragen der Wirtschaftsordnung: daß diese vernünftig ist, ist Voraussetzung dafür, daß jene es sein kann. Der Weg des Naturrechts führt deswegen in die Wirtschaftspolitik.

Fichte ist diesem Weg weit gefolgt. Durch strenge Reglementierung der Produktion und des Handels soll sichergestellt werden, daß alle Versorgungsansprüche erfüllt werden können, Produktion und Bedarf einander entsprechen und so nur schützenswertes Eigentum entsteht. Dabei geht er ausführlich auf die Details der Preis- und Geldtheorie ein.

Insbesondere muß der Außenhandel unterbunden bzw. – soweit er unerläßlich ist – einem staatlichen Monopol unterstellt werden, denn andernfalls gäbe es unkontrollierbare Möglichkeiten der Entstehung von Eigentum. Daher der „geschlossene Handelsstaat". Wie Fichte schreibt, „ist es vielmehr der wahre Zweck des Staates, allen zu demjenigen, was ihnen als Teilhabern der Menschheit gehört, zu verhelfen, und nun erst sie dabei zu erhalten, so muß aller Verkehr im Staate auf die oben angegebene Weise geordnet werden; so muß, damit dies möglich sei, der nicht zu ordnende Einfluß des Ausländers davon abgehalten werden; so ist der Vernunftstaat ein ebenso durchaus geschlossener Handelsstaat, als er ein geschlossenes Reich der Gesetze und der Individuen ist." (ebd. 69 f./420) Fichte sieht voraus, daß kein Staat diesen Vorschlag wird annehmen wollen. Bemerkenswert ist, was er als Grund dafür anführt. Da dies vielleicht noch immer nicht ohne Aktualität ist, sei es zitiert: „Der deutlich oder nicht deutlich gedachte Grund dieses Nichtwollens wird der sein, daß Europa über die übrigen Weltteile im Handel großen Vorteil hat und ihre Kräfte und Produkte, bei weitem ohne hinlängliches Äquivalent von seinen Kräften und Produkten, an sich bringt, daß jeder einzelne europäische Staat, so ungünstig auch in Beziehung auf die übrigen europäischen Staaten die Handelsbilanz entsteht, dennoch von dieser gemeinsamen Ausbeute der übrigen Welt einigen Vorteil zieht..." (ebd. 44/392f.), worauf er eben bei Annahme des Fichteschen Vorschlages verzichten müßte. Die habsüchtige „Ausbeute" der übrigen Weltteile durch Europa ist es also, was der Fichteschen Vernunft im Wege steht.

Fichtes Entwurf ist ein Vorläufer frühsozialistischer Theorien, hat aber auf diese, die anderen Wirkungssphären entstammen, keinen direkten Einfluß ausgeübt. Er nimmt ein Dilemma vorweg, das sich in sozialistischen Konzeptionen immer wieder findet: Wenn durch zentrale Planung alle Tätigkeiten auf ein einheitliches Ziel hin koordiniert werden sollen, wenn alle wesentlichen Präferenz-Setzungen von irgendwelchen Behörden ausgehen sollen, dann bleibt für die Freiheit des einzelnen und seine Entscheidungen kein Raum. Bei Fichte sind diese der Reglementierung zugrundeliegenden Ziele zwar aus dem Vernunftgehalt von Freiheit entwickelt. In der resultierenden Ordnung aber ist jede freie Tätigkeit verhindert. Um der Freiheit willen entsteht ein System der völligen Unfreiheit.

8. Das System der Sittenlehre 1798

1798 veröffentlichte Fichte als weiteren Systemteil seine Moralphilosophie *Das System der Sittenlehre nach den Prinzipien der
Wissenschaftslehre* (GA I, 5, 1–317 / FW IV, 1–366). Das Werk
soll die in der Ichheit liegenden Prinzipien der Moralität entwickeln.

Die Sittenlehre ist für Fichte nicht nur irgendein Systemteil.
Seinem Grundmodell zufolge hat ja in dem Wechselverhältnis
von Subjekt und Objekt die subjektive Seite das Übergewicht,
weil es bei ihr Freiheit gibt. Die subjektive Seite steht in diesem
Wechsel, ist aber als frei auch von ihm unabhängig; die objektive Seite gibt es nur in diesem Wechsel. Von daher die zahlreichen Beteuerungen Fichtes, Freiheit sei das Fundament der Philosophie, das feste Zentrum, von dem aus erst jenes Wechselverhältnis in Gang kommen kann. Fichtes ganze Philosophie ist
so Moralphilosophie; die anderen zu Subjektivität gehörigen
Komponenten sind nur Bedingungen der Möglichkeit des Praktischen. Der (von den romantischen Naturphilosophen so sehr
verspottete) Satz, die sinnliche Welt sei das versinnlichte Material unserer Pflicht, gibt die Grundidee konsequent wieder.
Subjektivität besteht in Wechselverhältnissen, die in Freiheit –
nicht etwa in der sinnlichen Wirklichkeit – einen festen Ansatzpunkt haben.

„Was für eine Philosophie man wähle, hängt sonach davon
ab, was man für ein Mensch ist" – das theoretisch als richtig
Erkannte entsprach Fichtes Wesen, seiner persönlichen Einstellung. Für ihn war Philosophie erst in zweiter Linie theoretische
Erkenntnis – wahre Beantwortung irgendwelcher wichtigen
Fragen –, in erster war sie sittliche Erziehung, praktische Ausübung von Freiheit.

Um dieser Forderung zu genügen, hatte Fichte von Beginn
seiner Jenaer Vorlesungstätigkeit an neben seinen eigentlich

akademischen Lektionen auch öffentliche Vorlesungen über „Moral für Gelehrte" gehalten (und hat dieses Verfahren nach jeder späteren Berufung – 1805 in Erlangen, 1811 in Berlin – wiederholt). Die Jenaer Vorlesungen begannen im Mai 1794. Darüber schreibt er an seine Frau nach Zürich: „Verwichnen Freitag hielt ich meine erste öffentliche Vorlesung. Das größte Auditorium war zu enge; die ganze Hausflur, der Hof stand voll, auf Tischen, und Bänken standen sie einander auf den Köpfen." (GA III, 2, 115) Da Fichte am Weimarer Hof denunziert wurde, in diesen Vorlesungen jakobinische Ideen zu verbreiten[34] – die beiden Revolutionsschriften lagen nur ein Jahr zurück –, ließ er die ersten fünf Vorlesungen unter dem Titel *Einige Vorlesungen über die Bestimmung des Gelehrten* noch 1794 veröffentlichen. Jedermann sollte lesen können, was er wirklich gesagt hatte. Die Verleumder mußten schließlich verstummen.

Im Wintersemester 1794/95 wollte Fichte diese Vorlesungen fortsetzen. Da sich kein anderer geeigneter Termin finden ließ, setzte er sie auf den Sonntag an, zumal ihm auch der Sonntag für den Zweck dieser Vorlesungen, die auf Bildung des Herzens zur Tugend gingen, besonders geeignet schien (Lauth, a. a. O. XIX). Nun protestierte das Jenaer Konsistorium: Fichtes Sonntagsvorlesungen seien ein „intendierter Schritt gegen den öffentlichen Landesgottesdienst" (ebd. XX). Dies war Fichtes erster Zusammenstoß mit der Geistlichkeit, der den zweiten, ernsteren von 1798 vorbereitete. In diesem Wintersemester konnten so nur wenige Veranstaltungen stattfinden (vgl. die Übersicht bei Lauth, ebd. XXVII f.). Dabei behandelte Fichte auch das Thema der geheimen Studentenorden – offiziell waren solche Verbindungen untersagt –, was zu einem weiteren Konflikt führte. Fichte wollte deren freiwillige Selbstauflösung erreichen, was bei einer der Gruppen Protestaktionen auslöste. Fichtes Frau wurde auf der Straße angepöbelt, die Fenster seiner Wohnung wurden eingeworfen. Im Sommersemester 1795 hat Fichte deswegen überhaupt nicht gelesen. In dem darauf folgenden Wintersemester hat er zwar die wissenschaftlichen, aber nicht die öffentlichen Vorlesungen über die Moral der Gelehrten wieder aufgenommen. Die Tätigkeit des sittlichen Erziehers war auf Widerstände gestoßen.

Die kleine Schrift von 1794 (GA I, 3, 1–68 / FW VI, 289–346) präludiert der Sittenlehre. Ausgehend vom Endzweck der Menschheit entwirft sie die Bestimmung des Gelehrten im Hinblick auf ihn. Die Tätigkeiten des Gelehrten wie aller anderen Stände erfahren ihren Sinn von diesem letzten Ziel her; sie haben der unendlichen Annäherung daran zu dienen. Der Stand der Gelehrten ist da besonders bedeutsam: der Erwerb von Wissen macht einerseits ebenfalls nur Sinn von diesem Ziel her; andererseits ist Wissen für jeden Fortschritt im Annäherungsprozeß schlechterdings unentbehrlich, vor allem natürlich das philosophische Wissen. Schon rein theoretisch sieht Fichte alles Wissen im philosophischen fundiert; erst recht gilt, daß irgendein Wissen nur Sinn haben kann für die Geschicke der Menschheit, wenn es Wissen in philosophischem Geist ist, denn nur die Philosophie gibt das Wissen von dem Endzweck der Menschheit. Die „wahre Bestimmung des Gelehrtenstandes" ist, so heißt es, „die oberste Aufsicht über den wirklichen Fortgang des Menschengeschlechts im allgemeinen, und die stete Beförderung dieses Fortganges." (a.a.O. 54/328) Der Gelehrte ist Lehrer und Erzieher der Menschheit; seine höchste Funktion gewinnt er als Vorbild. Der Gelehrte „soll der sittlich beste Mensch seines Zeitalters", er soll „Priester der Wahrheit" sein (ebd. 58/333).

In den öffentlichen Vorlesungen möchte Fichte als Rhetor und Erzieher wirken. Die strenge philosophische Theorie der Sitten „nach Prinzipien der Wissenschaftslehre" gibt erst das große Werk von 1798, dem wir uns nun zuwenden.

Schon aus der Wissenschaftslehre selbst kennen wir den Grundgedanken: Der kategorische Imperativ soll als unentbehrliches Ingrediens von Subjektivität dargetan werden. Ohne Freiheit gibt es kein Bewußtsein und keine Erkenntnis, ohne immanente Beschränkung in Freiheit selbst keine Vereinigung der Freiheit mit dem Beschränktsein endlicher Subjektivität.

Diese Konzeption wird nun aufgegriffen. Das Werk gliedert sich in drei „Hauptstücke", die denen der Rechtsphilosophie entsprechen: 1. Deduktion des Prinzips der Sittlichkeit; 2. Deduktion der Realität und Anwendbarkeit dieses Prinzips; 3. Systematische Anwendung desselben, oder die Sittenlehre im engeren Sinne.

Das erste Hauptstück soll zeigen, daß mit Freiheit zugleich das Sittengesetz gegeben ist. Ausgangspunkt ist die nicht explizierbare Evidenz des Wollens, zu der eine wirkliche Selbstbestimmung gehört. Dieses Wollen ist nur unter Voraussetzung von Objekterfahrung möglich, dennoch in sich – dieses Fremdartige weggedacht, wie Fichte sagt – absolut und allein in sich gegründet. Freiheit involviert ein „reelles Anfangen", ein tatsächliches, nicht nur scheinbares Übergehen von Unbestimmtheit zu Bestimmtheit durch das Ich. In diesem Übergehen bestimmt das Ich sich absolut aus sich selbst, ungeachtet dessen, daß das Wollen notwendig eine äußere Realität voraussetzt; das Ich ist darin unabhängig von allem äußeren Antrieb. Der „Glaube" an dieses absolute Anfangen-Können ist das praktische Interesse, von dem Fichtes Philosophie der Freiheit ausgeht. Noch einmal wird hervorgehoben, die Meinung, das Anfangen sei nur scheinbar, weil jedes Wollen aus etwas Anderem erklärbar sei, sei theoretisch nicht zu widerlegen.

Nun muß freies Handeln dennoch überhaupt Gründe haben können. Es kann nicht in einem „blinden Ohngefähr" bestehen, denn das wäre keine Freiheit. Trotzdem muß es ein Anfangen sein. Daß es Gründe haben muß, ergibt sich für Fichte daraus, daß das Selbstbestimmen selbst wieder Gegenstand einer Anschauung, eines Bewußtseins sein muß, – vor allem aber daraus, daß man sich bei dem „blinden Ohngefähr" nichts denken kann. Um Gründe haben zu können, müßte das sich selbst Bestimmende „in einer gewissen Rücksicht sein, ehe es ist", was es nur als Intelligenz kann: „Das Freie ist als Intelligenz mit dem Begriffe seines reellen Seins vor dem reellen Sein vorher, und in dem ersteren liegt der Grund des zweiten.... Unsere Behauptung ist sonach die, daß nur die Intelligenz als frei gedacht werden könne, und daß sie bloß dadurch, daß sie sich als Intelligenz faßt, frei werde; denn nur dadurch bringe sie ihr

Sein unter etwas, das höher ist, als alles Sein, unter den Begriff."
(GA I, 5, 51 / FW IV, 36)

Fichte operiert, um diese dunkle Struktur der freien Selbstbestimmung, die dennoch Gründe hat, aufzuhellen, mit dem Gegensatz von Sein – das als tot, als fixiertes Bestehen usw. beschrieben wird – und Denken, das als „Agilität" gesehen ist. Das ist nicht unrichtig, aber kategorial sicher nicht ausreichend. Der Begriff der Tätigkeit und damit der der Freiheit bleiben letzten Endes als etwas vorausgesetzt, das intuitiv evident sein muß und nicht analysiert werden kann. In einer Handlungstheorie erwartet man aber gerade eine solche Analyse. Fichtes Gegenbegriff zu Tätigkeit – Sein – bleibt erst recht viel zu unbestimmt, um theoretisch von großem Nutzen sein zu können. Dennoch zweifle ich nicht, daß gerade im Blick auf die fundamentalen Fragen der Handlungstheorie Fichte der ergiebigste aller klassischen Philosophen ist. Seine Philosophie ist als ganze Handlungstheorie; eine beiläufige Bemerkung wie „Das Tun ist nicht aus dem Sein abzuleiten, weil das erstere dadurch in Schein verwandelt würde, aber ich darf es nicht für Schein halten; vielmehr ist das Sein aus dem Tun abzuleiten" (ebd. 65/54) kann als Grundeinsicht seiner Philosophie überhaupt gelten. Für das Verfahren, das Tun dadurch in Schein zu verwandeln, daß man es aus dem Sein ableitet, bietet die gegenwärtige Handlungstheorie manchen Beleg.

Die eigentliche Deduktion des Sittengesetzes erfolgt in § 3. Fichte geht aus von der Aufgabe: Wie wird das Ich sich seiner Tendenz zur absoluten Selbsttätigkeit als einer solchen bewußt? Er will zeigen, daß mit der Äußerung dieser Tendenz (der ursprünglichen Aktivität des Ich) ein bestimmter Gedanke verbunden ist – der des Sittengesetzes. Dieser Gedanke soll also die notwendige Weise sein, wie wir uns unserer Freiheit bewußt werden.

Fichte sucht erstens zu zeigen, daß überhaupt ein bestimmter Gedanke mit dem Bewußtsein von Freiheit verbunden sein muß. Wenn die Tendenz zur Selbsttätigkeit auf das ganze Ich (Subjekt und Objekt) bezogen werde, führe dies nicht zu einem Gefühl (in dem das Subjektive allein vom Objektiven abhängig ist), sondern zu einem Gedanken. Zweitens soll die Form dieses Gedankens bestimmt werden: er ist selbst absolut, unableitbar, unmittelbar in intellektueller Anschauung gegeben. Das Bewußtsein der Pflicht kann nicht von irgend etwas abgeleitet werden. Drittens soll dann auch der Gehalt dieses Gedankens bestimmt werden. Als dieser ergibt sich (auf besonders rätselhafte, seltsame Weise) das „unverbrüchliche Gesetz der absoluten Selbsttätigkeit". Im Resümee erscheint zum ersten Mal der ominöse Ausdruck „sollen": „Der Inhalt des abgeleiteten Gedankens läßt sonach kürzlich sich so beschreiben: wir sind genötigt zu denken, daß wir schlechthin durch Begriffe mit Bewußtsein, und zwar nach dem Begriffe der absoluten Selbsttätigkeit, uns bestimmen sollen: und dieses Denken ist eben das gesuchte Bewußtsein unserer ursprünglichen Tendenz zu absoluter Selbsttätigkeit." (ebd. 61/49) Die Assoziationskette, die zum Sollen hinführt, läuft im wesentlichen über die Begriffe des absoluten, unveränderlichen Bestehens und der gesetzlichen Notwendigkeit. Daß dies sachlich nicht befriedigen kann, liegt auf der Hand.

„Wenn du dich frei denkst, bist du genötigt, deine Freiheit unter ein Gesetz zu denken; und wenn du dieses Gesetz denkst, bist du genötigt, dich frei zu denken; denn es wird in ihm deine Freiheit vorausgesetzt, und dasselbe kündigt sich an, als ein Gesetz für die Freiheit." (ebd. 64/53) Dies ist es, was Fichte beweisen will: das Bewußtsein des Sittengesetzes ist die notwendige Weise, in der wir allein uns als frei denken können; der kategorische Imperativ gehört so essentiell zu Freiheit hinzu. Anders als so kann auch ich mir die Rechtfertigung des Gedankens einer unbedingten Verpflichtung nicht vorstellen. Die Details der Fichteschen Argumentationen sind allerdings durchgängig unbefriedigend; es gelingt ihm nicht, das Eingesehene mit der gebotenen analytischen Sauberkeit durchzuführen. Freilich – bei Freiheit ist dies noch niemandem gelungen. Und bei kaum jemandem – auch bei Kant nicht – findet sich eine solche Fülle von wesentlichen Einsichten zur Freiheitsproblematik wie in Fichtes Philosophie der Freiheit.

Im zweiten Hauptstück soll die Anwendbarkeit des Sittengesetzes bewiesen werden. Fichte diskutiert hier gleichsam die Naturseite von Freiheit. Sittengesetz und Freiheit sind nichtsinnlich; sie müssen aber mit der sinnlichen Welt in Verbindung treten können. Fichte will zeigen, was dazu verlangt ist.

Wir haben schon gehört, daß das Realitätsbewußtsein überhaupt von Fichte begriffen wird als etwas, ohne das das Freiheitsbewußtsein nicht möglich ist. Die sinnliche Welt ist der notwendige Hintergrund für unser Freiheitsbewußtsein. Dieser Hintergrund muß aber nicht nur überhaupt da sein, er muß überdies bestimmte Eigenschaften haben, um seine Funktion erfüllen zu können. Vor allem um diese Eigenschaften geht es nun. Daß für Fichte zu diesen Eigenschaften z. B. bestimmte Strukturen der Räumlichkeit der Welt gehören, wurde schon anläßlich der *Wissenschaftslehre nova methodo* erwähnt.

Die nunmehr wesentlichste dieser Eigenschaften ist die teleologische Verfaßtheit dieses Hintergrundes, der sinnlichen Welt. Schon Kant hatte in der Einleitung zur *Kritik der Urteilskraft* dargelegt, daß der Begriff einer Zweckmäßigkeit der Natur der Begriff sei, der zwischen den Naturbegriffen und dem Freiheitsbegriff vermittele und den Übergang von jenen zu diesem möglich mache (AA V, 196). Daran knüpft Fichte an. Wenn ein solcher Übergang erforderlich ist, dann muß die Freiheit – von der als dem ersten auszugehen ist – in bestimmter Hinsicht auch theoretisches Prinzip für die sinnliche Realität sein. Das Gesetz der Freiheit setzt, als praktisches Gesetz an das Bewußtsein gerichtet, nur fort, was es als theoretisches Prinzip ohne Bewußtsein der Intelligenz selbst angefangen hat. Das Gesetz kann deswegen als praktisches auch so formuliert werden: „Handle deiner Erkenntnis von den ursprünglichen Bestimmungen (den Endzwecken) der Dinge außer dir gemäß." (a. a. O. 78/69) Für Fichte bekommt die Vermittlung von Freiheit und Natur durch den Zweckbegriff also einen inhaltlich sehr konkreten Sinn, der über das bei Kant Angelegte weit hinausgeht: Das sittliche Handeln schließt sich an vorgegebene Naturzwecke an, die aber selbst Funktion der Sittlichkeit sind: „Es hätte etwas außer uns diesen Endzweck, darum, weil wir es so behandeln sollten; und wir sollten es so behandeln, darum, weil es diesen Endzweck hätte." (ebd.)

Zweifellos bietet eine solche Konzeption vorzügliche Ansatzpunkte, um gewisse systemimmanente Beschränkungen der Kantischen Ethik zu überwinden – vor allem im Blick auf die gegenwärtig sehr aktuelle Diskussion einer ökologischen Ethik. Auch das „Prinzip Verantwortung" von Hans Jonas[35] rekurriert auf teleologische Prinzipien, um unsere Verantwortung für die Natur philosophisch zu rechtfertigen. Eine Freiheitsethik Kantischen Typs, in der – trotz der Einsichten Kants aus der Einleitung in die *Kritik der Urteilskraft* – Natur im wesentlichen in Opposition zu Freiheit steht, kann solchen Forderungen nicht genügen. Fichtes Analysen der Naturseite von Freiheit selbst sind hier – wenn auch im Detail oft unbefriedigend – im wesentlichen sicher ein gewaltiger Fortschritt und für uns heute von größtem Belang.

Diese Naturseite von Freiheit betrifft nicht nur die Naturteleologie, sondern ebenso zahlreiche Aspekte von Handlungen, die mit der Möglichkeit des physischen Einwirkens auf die Außenwelt verbunden sind. Vieles von dem wiederholt Gedanken, über die wir schon gesprochen haben. Generell meint Fichte: Die Natur, und zwar die innere wie die äußere, ist genau so, wie sie sein muß, wenn physische freie Handlungen möglich sein sollen. So sagt er: „Unsere ganze, sowohl innere als äußere Welt, inwiefern das erstere nur wirklich Welt ist, ist dadurch auf alle Ewigkeit hinaus für uns prästabiliert. Inwiefern es nur wirklich Welt, d. h. ein Objektives in uns ist, sagte ich. Das bloß Subjektive, die Selbstbestimmung, ist nicht prästabiliert, darum sind wir freihandelnd." (a. a. O. 102/101) Natur ist, so kann man kurz sagen, für Fichte nur die Naturseite von Freiheit. Handlungstheorie – bezüglich der inneren Natur, der immanenten Strukturen realer Handlungen – und Naturteleologie – bezüglich der äußeren Natur, in der gehandelt wird – greifen konsequent ineinander.

Dieses Ineinandergreifen beider zeigt sich exemplarisch im „System der Triebe". Fichte entwickelt es zunächst als eine innere handlungstheoretische Voraussetzung für freie Handlungen. Im Trieb fallen Erkenntnis und Tätigkeit unmittelbar zusammen. Diese Triebe, die ein „System der Beschränktheit" darstellen, sind innere Natur, als solche aber nur aus der äußeren Natur verstehbar. Meine Natur muß – unbeschadet dessen, daß im Ich alles aus ihm selbst zu erklären ist – „ursprünglich erklärt, aus dem ganzen System der Natur abgeleitet und durch dasselbe begründet werden." (ebd. 108/110) Dies führt hinüber zum Gedanken der Naturteleologie: die Natur muß ein „organisches Ganzes" sein. „Die Freiheit ist dem Naturmechanismus direkt entgegengesetzt, und wird durch ihn auf keine Weise bestimmt. Ist aber die Rede von einem Naturtriebe, so muß der Charakter der Natur überhaupt, der des Mechanismus, neben dem Charakter des Triebes beibehalten, sonach beides synthetisch vereinigt werden; wodurch wir ein Mittelglied zwischen Natur, als bloßem Mechanismus . . . und Freiheit, als direktem Gegensatze alles Mechanismus . . ., erhalten werden." (ebd. 113/ 115) Dies Mittelglied ist der Gedanke der organischen Natur, der sich also als Glied der Naturseite von Freiheit ergibt. Im Anschluß an biologische Vorstellungen seiner Zeit[36] denkt Fichte an einen durch die ganze Natur verbreiteten Bildungstrieb.

Auf der subjektiven Seite gehören zu der Naturseite von Freiheit – nun gleichsam wieder handlungstheoretisch – auch Lust und Genuß, die Naturzweck sind und notwendig zu den Trieben gehören. Interessant ist, was Fichte hier über die „Wechselwirkung" von Freiheit und Naturtrieben sagt. Bei Kant stehen sich diese beiden Seiten – das Intelligibele im Menschen und die Triebfedern der Natur – unabhängig voneinander diametral gegenüber. Fichte sucht diese Differenz, obwohl sie auch bei ihm für die Handlungstheorie konstitutiv ist, als nur relativen Gegensatz zu begreifen. Aus gewisser Perspektive – für Fichte der „transzendentale Gesichtspunkt" – unterscheiden sie sich gar nicht. „Lediglich auf der Wechselwirkung dieser beiden Triebe, welche eigentlich nur die Wechselwirkung eines und eben desselben Triebes mit sich selbst ist, beruhen alle Phänomene des Ich." (a. a. O. 125 f./130) Fichte möchte so begreiflich machen, wie zwei derart verschiedene Schichten in uns, die wir doch ein einheitliches Wesen sein sollen, vorhanden sein können, was bei Kant ja in der Tat einigermaßen rätselhaft ist.

Zwei Schichten bleiben es aber auch für Fichte – er unterscheidet sie als niederes und höheres Begehrungsvermögen. Ihre Vereinigung ergibt das Ziel des Menschen: „Es wird sich zeigen, daß in dieser Vereinigung von dem höheren die Reinheit (Nicht-Bestimmtheit durch ein Objekt) der Tätigkeit, von dem niederen der Genuß als Zweck aufgegeben werden müsse; so daß als Resultat der Vereinigung sich finde objektive Tätigkeit, deren Endzweck absolute Freiheit, absolute Unabhängigkeit von aller Natur ist; – ein unendlicher nie zu erreichender Zweck; daher unsere Aufgabe nur diese sein kann, anzugeben, wie gehandelt werden müsse, um jenem Endzwecke sich anzunähern." (ebd. 126/131) Das Verhältnis von Freiheit und Natur ist also bei Fichte komplexer als bei Kant. Einerseits besteht auch für ihn die Würde des Menschen darin, über die Natur und die Bestimmung durch sie erhaben zu sein, andererseits wird aber die Naturseite von Freiheit dennoch viel konkreter mit Freiheit selbst vermittelt, viel intensiver in sie einbezogen. Dies strahlt sodann auf die Natur zurück. Zwar heißt es: „Dadurch, daß ich die Macht der Natur unter mir erblicke, wird sie etwas, das ich nicht achte." (ebd. 134/142) Zugleich enthält aber die Natur, die ja ganz wesentlich die Naturseite von Freiheit ist, in ihrer grundlegenden teleologischen Struktur ein Analogon zur Freiheit, eine nur von Freiheit aus zu begreifende Konformität mit Freiheit, die ihr auch einen ganz anderen Rang zugesteht, als sie ihn bei Kant haben kann.

Aus dem Zusammenhang von Freiheit und Natur begreift Fichte auch das sittliche Gefühl der Billigung und Mißbilligung. Schon Kant hatte eine Theorie dieses nicht „pathologischen", sondern „vernunftgewirkten" Gefühls gegeben. Auch im sittlichen Handeln muß die emotionale Seite eine Funktion haben, die reine Vernunft allein kann nicht ausreichen. Von diesem Gedanken geht Fichte aus; in seine umfassende Synthese von Natur und Freiheit fügt dieses Gefühl sich sehr ungezwungen und folgerichtig ein.

Das zweite Hauptstück behandelt die Naturseite von Freiheit, führt aber am Ende auf das im ersten deduzierte Sittengesetz zurück. Auch bei den Trieben müssen die Naturseite und Freiheit – „Naturtrieb" und „reiner Trieb", wie Fichte sagt – vereinigt werden. Dies ergibt den „sittlichen Trieb", der deshalb ein „gemischter Trieb" ist (ebd. 143/152) und bestimmte materiale Gehalte des Naturtriebs mit der formalen Struktur von Freiheit versieht, unbedingter Zweck zu sein. Der sittliche Trieb fordert Freiheit um der Freiheit willen. Er soll mich aber nicht bestimmen als bloßer und blinder Trieb – dies liegt in dem, was er will, der Freiheit. Hier erst entsteht für Fichte ein kategorischer Imperativ (ebd. 145/155). Das „absolute Sollen" ergibt sich so selbst aus der Naturseite von Freiheit: Der Trieb zur Freiheit kann nur Erfolg haben, indem er sich als Trieb aufhebt und Begriff wird. Wie Fichte es ausdrückt, der Trieb treibt uns, „uns zu sagen, daß irgendetwas schlechthin geschehen solle. Er (der kategorische Imperativ, P. R.) ist unser eigenes Produkt; unser, inwiefern wir der Begriffe fähige Wesen oder Intelligenzen sind." (ebd.) Der Imperativ ist also unser Produkt; er entsteht aus der Umsetzung des Triebes in das Sagen, und zwar des Triebes nach Freiheit, der um seiner selbst willen aufhören muß, bloßer Trieb zu sein. „Und auf diese Weise erhalten wir denn in der Wirklichkeit das vernünftige Wesen wieder, wie wir es ursprünglich aufstellten, als absolut selbständig." (ebd.) Fichte formuliert den Imperativ nach seiner formalen Seite – von der inhaltlichen also abgesehen – als das Gebot: „Handle stets nach bester Überzeugung von deiner Pflicht; oder: handle nach deinem Gewissen." (ebd. 146/156)

Nachdem so von oben und von unten (von der Naturseite her) der kategorische Imperativ erreicht ist, gibt Fichte im dritten Hauptstück die systematische Anwendung des Sittengesetzes. Er gliedert diesen Teil wieder dreifach: in die Darstellung der formalen Bedingungen, in die des Materialen des Sittengesetzes sowie in die eigentliche Pflichtenlehre.

Unter den formalen Bedingungen behandelt Fichte im wesentlichen die Frage, ob die Überzeugung von der Pflicht irren kann (§ 15), sowie die Ursachen des Bösen (§ 16). Was das erstere betrifft, so meint Fichte, daß die Möglichkeit von Moral involviere, daß es untrügliche moralische Evidenzen gebe. Die „Stimme des Gesetzes in mir" muß in einem fundamentalen Sinn unmißverstehbar sein. „Soll überhaupt pflichtmäßiges Verhalten möglich sein, so muß es ein absolutes Kriterium der Richtigkeit unserer Überzeugung über die Pflicht geben. Also es muß eine gewisse Überzeugung absolut richtig sein, bei welcher wir um der Pflicht willen beruhen müssen." (ebd. 153/165) Auch hier gilt, daß vor den demonstrierbaren Gewißheiten die undemonstrierbaren stehen müssen. Fichte meint, daß es solche gebe, da es in der Sittlichkeit um die Einheit meines empirischen mit dem reinen Ich gehe, die, wenn sie vorliege, in einem Gefühl gegeben sei, das nicht täuschen könne: „Dieses Gefühl täuscht nie, denn es ist, wie wir gesehen haben, nur vorhanden bei völliger Übereinstimmung unseres empirischen Ich mit dem reinen; und das letztere ist unser einziges wahres Sein und alles mögliche Sein und alle mögliche Wahrheit. Nur inwiefern ich ein moralisches Wesen bin, ist Gewißheit für mich möglich; denn das Kriterium aller theoretischen Wahrheit ist nicht selbst wieder ein theoretisches." (ebd. 158/169f.) Der Satz, welche Philosophie man habe, hänge davon ab, was für ein Mensch man sei, rechtfertigt so am Ende sich selbst: Die Gewißheit des Gewissens ist die allergewisseste, an der alle theoretische Gewißheit sich zu messen und zu korrigieren hat. Aus Kants Religionsphilosophie (AA VI, 185) übernimmt Fichte den Satz, daß dieses Gewissen ein Bewußtsein sei, das selbst Pflicht ist.

Die Ursachen des Bösen sieht Fichte in der Geschichtlichkeit des empirischen Vernunftwesens. Er entwickelt eine historische Entwicklungslogik des moralischen Bewußtseins in einigen Stufen, die an ähnliche Versuche der gegenwärtigen Philosophie erinnert. Das eigentlich „radikale Übel" für den Menschen ist – Faulheit: „Trägheit sonach, die durch lange Gewohnheit sich selbst ins unendliche reproduziert, und bald gänzliches Unvermögen zum Guten wird, ist das wahre, angeborene, in der menschlichen Natur liegende radikale Übel: welches sich aus derselben auch gar wohl erklären läßt. Der Mensch ist von Natur faul, sagt Kant sehr richtig." (a.a.O. 185/202)

Daß in formaler Hinsicht das Gewissen des Einzelnen die unhintergehbare letzte Basis der Sittlichkeit sein muß, besagt nicht, daß sich die materiellen Gehalte der Sittlichkeit nicht vernunftgemäß angeben ließen. Dies versucht Fichte in den beiden letzten Abschnitten seines Werkes, die – nach gewissen Gliederungsgesichtspunkten – eine Übersicht über unsere Pflichten geben. Ähnlich wie in der Rechtsphilosophie – ähnlich aber auch wie Kant in der *Metaphysik der Sitten* – geht Fichte weit ins Detail. In diesen Einzelheiten kommt auch die teleologische Komponente der Fichteschen Ethik wieder zum Tragen; der Satz „Das Sittengesetz geht sonach darauf, jedes Ding nach seinem Endzwecke zu behandeln" (ebd. 160/171) erweist seine Fruchtbarkeit.

Die vielen Pflichten, die Fichte nun darlegt, hier zu referieren wäre müßig, zumal dabei wieder vieles zeitbedingt ist. Erwähnt sei wegen gegenwärtiger moralphilosophischer Diskussionen, daß Fichte eine „Pflicht zum Diskurs" annimmt: Da die Vernunft nur eine ist, müssen differierende Überzeugungen zur Übereinstimmung gebracht werden können, und es ist Pflicht, dies zu versuchen. Dabei darf nur mit Gründen auf die Überzeugung gewirkt, keine Gewalt angewandt werden: „Jeder kann und darf sonach nur die Überzeugung des anderen, keineswegs seine physische Wirkung, bestimmen wollen. Der erste Weg ist der einzige erlaubte Zwang für freie Wesen auf freie." (ebd. 211/233) Auch die „Pflichten der Gelehrten", die ja Inhalt der öffentlichen Vorlesungen waren, werden wiederum entwickelt (ebd. 220 ff./245 ff.). Der Endzweck des Menschen ist eine (wie man heute sagen würde) „ideale Kommunikationsgemeinschaft": „Das letzte Ziel alles seines Wirkens in der Gesellschaft ist: die Menschen sollen alle einstimmen; aber nur über das rein Vernünftige stimmen alle zusammen; denn das ist das einige, was ihnen gemeinschaftlich ist. Es fällt unter Voraussetzung einer solchen Übereinstimmung weg die Unterscheidung zwischen einem gelehrten und ungelehrten Publikum. Es fällt weg Kirche und Staat. Alle haben die gleichen Überzeugungen, und die Überzeugung eines jeden ist die Überzeugung aller. Es fällt weg der Staat, als gesetzgebende und zwingende Macht. Der

Wille eines jeden ist wirklich allgemeines Gesetz, weil alle anderen dasselbe wollen: und es bedarf keines Zwangs, weil jeder schon von sich selbst will, was er soll. Auf dieses Ziel soll alles unser Denken und Handeln, und selbst unsere individuelle Ausbildung abzwecken: nicht wir selbst sind unser Endzweck, sondern alle sind es." (ebd. 226 f./253) Daß die Wahrheit der Mitteilung bedarf, um gewiß zu werden, steht auch für Fichte fest: „So erlange ich durch die Mitteilung erst Gewißheit und Sicherheit für die Sache selbst. ... Je ausgebreiteter diese Wechselwirkung (in der Diskussion mit anderen, P. R.) ist, desto mehr gewinnt die Wahrheit (objektiv betrachtet), und ich selbst dazu." (ebd. 222/246 f.)

In der Diskussion desjenigen Zirkels, der im Determinismus liege, wirft Fichte den deterministischen Philosophen vor, ihnen fehle die Intuition: „Sie sind nur diskursive Denker, und es fehlt ihnen gänzlich an Intuition. Man muß gegen sie nicht disputieren, sondern man sollte sie kultivieren, wenn man könnte." (ebd. 130/136) Dies ist in Umkehrung kennzeichnend für Fichte: An intuitivem Gehalt, an allgemeiner Einsicht gehört seine Sittenlehre ohne Zweifel zu dem bedeutendsten, was die Geschichte der Philosophie kennt. Das diskursive Element, die analytische Sauberkeit in den Details der Argumentation, ist nicht von gleichem Rang. Ein Werk von dieser philosophischen Bedeutung ist deswegen etwas wie eine Aufforderung an den Rezipienten: es im Diskursiven nach Möglichkeit besser zu machen, ohne aber an intuitivem Gehalt zu verlieren. Der von Fichte erstrebte ideale Endzustand, in dem alle Menschen einstimmen, läßt sich zwar nicht ohne Intuition, aber auch nicht allein durch sie erreichen.

9. Der Atheismusstreit 1798/99

Vermutlich hätte Fichte nach Beendigung der Sittenlehre als nächsten der projektierten Systemteile die Religionsphilosophie in Angriff genommen.[37] Dazu sollte es aber nicht kommen, denn in ganz unerwarteter Weise kam es zu jener großen Auseinandersetzung – unter dem Namen „Atheismusstreit" bekannt –, die lange Zeit die Öffentlichkeit beschäftigte und Fichte schließlich die Jenaer Professur kostete. Stellen wir, ehe wir auf die philosophischen Fragen eingehen, kurz den äußeren Ablauf der Geschehnisse zusammen. Im Sommer 1798 hatte Friedrich Karl Forberg, ein ehemaliger Schüler Fichtes, bis 1797 Privatdozent in Jena, danach Prorektor in Saalfeld, einen Aufsatz *Entwicklung des Begriffs der Religion* zur Veröffentlichung im *Philosophischen Journal* eingesandt. Fichte als Herausgeber war nicht mit allem einverstanden, wollte aber nicht als Zensor auftreten und die Veröffentlichung verweigern. Den Vorschlag, seinem Aufsatz Noten beizufügen, lehnte Forberg ab. Aus diesem Grund faßte Fichte seine geplanten Noten zu einem eigenen kleinen Aufsatz zusammen, den er dem von Forberg voranschickte.

So erschien im Oktober 1798 ein Heft des *Philosophischen Journals,* das als ersten Aufsatz von Fichte *Über den Grund unseres Glaubens an eine göttliche Weltregierung* (GA I, 5, 318–357 / FW V, 175–190) enthielt, als zweiten den von Forberg.[38] Darauf erfolgten rasch empörte Reaktionen von solchen, die sich in ihrem Glauben verletzt fühlten. Noch im November 1798 erschien eine anonyme Broschüre *Schreiben eines Vaters an seinen studierenden Sohn über den Fichteschen und Forbergschen Atheismus* (GA I, 6, 121–138 / FW V, 304–326). Über die Verfasserschaft gab es bald Streit. Der Alttestamentler Gabler in Altdorf wurde ihrer bezichtigt, was er aber in einer Erklärung entrüstet von sich wies. Der Verfasser ist bis heute unbekannt geblieben. Die Herausgeber der Gesamtausgabe vermuten ihn im Umkreis Friedrich Nicolais (GA I, 6, 18–24).

Am 29. Oktober 1798 wandte sich das protestantische Dresdner Oberkonsistorium an den katholischen Kurfürsten von Sachsen, Friedrich August, mit einer Anzeige wegen Atheismus. Fichte hat unterstellt, daß die Anzeige durch das Sendschreiben veranlaßt war. Auf sie hin begann der amtliche Gang der Dinge. Das Heft des Journals wurde in Kursachsen (und in anderen Staaten, nicht aber z. B. in Preußen) konfisziert. Im Dezember wandte man sich aus Dresden an die Erhalter der Jenaer Universität. Fichte schrieb unterdessen eine Gegenschrift *Appellation an das Publikum über die durch ein Kurfürstlich Sächsisches Konfiskationsreskript ihm beigemessenen atheistischen Äußerungen* (GA I, 5, 375–407 / FW V, 191–238), die schon im Januar 1799 ausgeliefert wurde. Diese Schrift hatte unerhörte Resonanz; viele andere Schriften erschienen.[39]

In Weimar hatte man irgendwie auf die Beschwerde aus Kursachsen zu reagieren. Es war angedroht worden, Studenten aus Kursachsen den Besuch der Jenaer Universität zu verbieten, was deren Bestand bedroht hätte. Formell zuständig war der Kanzler Voigt, aber auch Goethe und der Herzog Carl August selbst waren mit der Sache befaßt. Man wollte die unangenehme Angelegenheit diplomatisch regeln: einerseits Kursachsen irgendwie zufriedenstellen, dann den Bestand der Universität sichern, aber auch die Freiheit der gelehrten Forschung unangetastet lassen. Neben, ja vor der Atheismusfrage selbst war dies ja der Hauptstreitpunkt der öffentlichen Auseinandersetzung.

Im März 1799 erschienen *Der Herausgeber des Philosophischen Journals gerichtliche Verantwortungsschriften gegen die Anklage des Atheismus*, herausgegeben von Fichte (GA I, 6, 1–144 / FW V, 239–333). Außerdem aber schrieb Fichte am 22. März 1799 einen Brief an den Kanzler Voigt (GA III, 3, 283–286), in dem er den Generalsuperintendenten des Herzogtums, nämlich Herder, wegen dessen Schrift *Gott* von 1787 des Atheismus beschuldigt und außerdem erklärt, einen Verweis könne und werde er nicht hinnehmen, sondern mit der Abgabe seiner Demission beantworten. Der Status dieses Briefes war unklar; er hätte durchaus als Privatschreiben ohne offizielle Bedeutung behandelt werden können. Voigt aber legte das Schreiben dem Herzog vor, der sich für die Erteilung eines Verweises und sogleich für die Annahme der Demission entschied. Am 1. April 1799 ging das entsprechende Schreiben an die Universität Jena ab. Man konnte so in Weimar das Gesicht wahren: formell wurde Fichte nicht entlassen, sondern es wurde sein Rücktrittsgesuch angenommen. Am 3. April 1799 hat Fichte noch einmal an Voigt geschrieben, um nach Möglichkeit noch etwas zu ändern, aber es war zu spät, die Angelegenheit war gegen ihn entschieden.

Sehen wir nun zu, um was es in diesem Streit inhaltlich ging. Ich beginne mit Fichtes erstem Aufsatz. Fichte sieht die Aufgabe der Religionsphilosophie darin, die Tatsache des Glaubens an eine göttliche Weltregierung aus dem notwendigen Verfahren eines jeden vernünftigen Wesens abzuleiten. Dies ist das hier wiederholt behandelte Verfahren der Wissenschaftslehre: Es soll etwas, das im Ich vorkommt, als funktional unentbehrliches Moment von Subjektivität erwiesen werden, so daß es nicht nur zufällig da ist, sondern notwendig zu allem anderen hinzugehört. Wir haben verfolgt, wie Fichte z. B. auch den kategorischen Imperativ gleichsam als ein Rad erweisen will, ohne das der gesamte Mechanismus des Ich nicht funktioniert. Dasselbe soll nun auch für den Glauben gezeigt werden. Nur so kann sich für Fichte ergeben, daß er berechtigt ist, daß er nicht eine willkürliche Annahme ist, die einer nach Lust oder Stimmung machen oder nicht machen kann.

Zunächst wird nun gezeigt, daß der Glaube an Gott sich nicht auf eine Beschaffenheit der Sinnenwelt stützen kann. Man kann Gott nicht als Schöpfer und Ordner dieser Welt denken. Vom transzendentalen Gesichtspunkt aus müsse die Welt auf das Ich zurückgeführt werden, vom gemeinen aus müsse man beim Sein der Welt als einem absoluten stehen bleiben. Einen Gesichtspunkt, von dem aus der Gedanke eines zweckhaft verfahrenden Schöpfers und Erhalters der Welt möglich wird, gibt es nicht: dieser Gedanke wird deswegen als „totaler Unsinn" bezeichnet (GA I, 5, 349 / FW V, 179).

Dies war eine der Äußerungen Fichtes, die Empörung auslösten. Kant hatte zwar den kosmologischen und den teleologischen Gottesbeweis als Beweise destruiert, aber insbesondere von dem teleologischen spricht er dennoch mit größter Hochachtung: „Dieser Beweis verdient jederzeit mit Achtung genannt zu werden. Er ist der älteste, kläreste und der gemeinen Menschenvernunft am meisten angemessene." (KRV B 651) Das, was für Kant noch der gemeinen Menschenvernunft das angemessenste war, wird für Fichte nun – ebenfalls auf dem gemeinen Standpunkt – totaler Unsinn. Die Empörung darüber ist nicht verwunderlich. Allerdings ergibt sich Fichtes Auffassung zwingend aus seinem Idealismus. Schon Kant hatte festgestellt, daß es „ein Widerspruch wäre zu sagen, Gott sei ein Schöpfer von Erscheinungen" (KPV, AA V, 102). Eine Schöpfung muß auf Dinge an sich bezogen sein. Wo diese fallen, muß folglich auch der Schöpfungsbegriff fallen. Auch in seiner späteren, stärker theistischen Religionsphilosophie hat Fichte deswegen die Gedanken einer Schöpfung und zweckmäßigen Einrichtung dieser Welt durch Gott stets abgelehnt.

Wenn der Glaube an Gott nicht auf Eigenschaften der sinnlichen Welt gestützt werden kann, dann vielleicht auf die übersinnliche Welt der Moralität, denn „Ich selbst und mein notwendiger Zweck sind das Übersinnliche" (ebd. 351/181). Dieser in meinem Wesen gegründete notwendige Zweck muß für ausführbar gehalten werden. Diese Annahme sei in dem Entschluß, diesen Zweck auszuführen, unmittelbar enthalten. Deswegen gehöre zur moralischen Gesinnung immer die feste Zuversicht, daß die sittliche Tat unfehlbar gelinge, die unsittliche unfehlbar mißlinge. Es gebe ein „höheres Gesetz", das dies sichert. Diese „moralische Ordnung" sei das Göttliche, das wir annehmen.

Fichte radikalisiert insoweit also den Kantischen Ansatz in der Religionsphilosophie: jede andere, nicht in der Moralität gelegene Wurzel der Gottesvorstellung wird rücksichtslos durchtrennt, alle Momente derselben, die nicht in Moralität fundiert werden können, werden ausgelöscht. Es ist klar, daß damit weite Teile der traditionellen Religion – wo Gott ja nicht nur mit Moralität zu tun hat, sondern auch Sonne und Regen schickt, das Brot gibt usw. – über Bord gehen mußten.

Kants Position wird aber auch in einem grundlegenden Punkt abgeändert. Das Postulat Gottes ergab sich ja für ihn daraus, daß Glückswürdigkeit und wirkliches Glück ganz verschiedenen Ordnungen der Dinge angehören, so daß es, wenn nicht Gott angenommen wird, keinen Grund ihrer Entsprechung gibt. Ohne Gott nicht die „proportionierte Glückseligkeit". Fichte gibt diesen Zweck auf: nicht proportionierte Glückseligkeit, sondern völlige Unabhängigkeit von der Natur ist der Endzweck. Aber es wird nun unklar, worin der Unterschied von Gelingen und Mißlingen bei moralischen Handlungen noch bestehen soll. Bei Kant macht er wegen der Unabhängigkeit beider Ordnungen noch Sinn. Da bei Fichte die Sinnenwelt sowie die proportionierte Glückseligkeit keine Rolle mehr spielen, weiß man nicht, was das Gelingen noch von dem Mißlingen unterscheidet. Diese Ausdrücke, die ihren Sinn ja von unseren praktischen Erfahrungen in der normalen „Sinnenwelt" her haben, verlieren diesen, ohne daß ihnen von Fichte ein neuer verliehen würde. Man sieht deswegen nicht recht, wozu das „höhere Gesetz" benötigt wird, was es genau sicherstellen soll.

Das Bestreben, in konsequenter Manier nur das für den Glauben zuzulassen, was sich als notwendige Bedingung der Moralität ergibt, führt Fichte dann noch zu einigen Äußerungen, die ebenfalls für die Auslösung der Empörung maßgeblich waren. Er sagt einmal, die moralische Ordnung als solche genüge, und es gebe keinen Grund, ein besonderes Wesen als Ursache derselben anzunehmen. Eine Ordnung ist ja eigentlich eine Eigenschaft an etwas; daß Gott aber derart nur Eigenschaft an etwas anderem sei, das wollten die Gläubigen nicht hinnehmen. Dann führt er aus, man könne Gott nicht Persönlichkeit und Bewußtsein zuschreiben. Was mit diesen Begriffen gemeint sei, kennten wir nur von uns selbst, dies lasse sich aber ohne Endlichkeit und Beschränktheit nicht denken. – Dies war ein bedenklicher Punkt. Wenn man unter „Theismus" die Annahme eines unendlichen persönlichen Wesens mit gewissen weiteren Eigenschaften versteht, dann ist, was Fichte hier sagt, zweifellos

115

Atheismus. Wenn es bewiesen wäre, daß Persönlichkeit und Unendlichkeit einander ausschließen, dann wäre es bewiesener Atheismus – aber eben doch Atheismus. – Schließlich sagt Fichte noch, der Begriff von Gott als einer besonderen Substanz sei unmöglich und widersprechend. Auch diese Feststellung hat die Gegner sehr erregt.

Wenden wir uns nun dem *Schreiben eines Vaters an seinen studierenden Sohn* zu. Die traditionelle Begrifflichkeit der Theologie wird hier als sinnvoll und im wesentlichen gültig betrachtet. Der Verfasser definiert zunächst, was er unter „Theismus" verstehen will (natürlich in dieser Begrifflichkeit): den Glauben an Gott als ein von der Welt unterschiedenes Wesen, das mit Absicht und zweckmäßig handelt, allmächtig ist, die letzte Ursache von allem (auch der Fichteschen „Sinnenwelt") ist und schließlich auch für die Belohnung der Guten und die Bestrafung der Bösen sorgt.

Daß mit Beziehung auf diesen so verstandenen Theismus Fichtes Position in seinem Aufsatz Atheismus ist, kann kaum einem Zweifel unterliegen. Eine ganz andere Frage ist allerdings, ob die hier als sinnvoll unterstellten Begriffe dies wirklich sind. Der Verfasser unternimmt keinen Versuch, sie zu legitimieren, sondern übernimmt sie unreflektiert aus der Überlieferung. Fichte sucht nach einem Weg, den Glauben an eine göttliche Weltregierung philosophisch zu rechtfertigen. Da es einen Zugang zu der übersinnlichen Welt für ihn nur über Moralität geben kann, kann auch der Glaube nur von daher intellektuell begründet werden, und muß folglich auf das beschränkt werden, was sich von daher gewinnen läßt. Das ist nun einmal kein Gott, der auch mit Regen und Sonnenschein zu tun hätte, kein Gott im Sinne des überlieferten Theismus. Fichte war aber dennoch der Überzeugung, den Glauben an eine göttliche Weltregierung als essentielles Element im System von Subjektivität nachgewiesen zu haben – deswegen sein Protest gegen den Vorwurf des Atheismus.

Es sind im wesentlichen fünf Kritikpunkte, die das *Schreiben des Vaters an seinen studierenden Sohn* vorbringt: Erstens protestiert es gegen die vorgebliche Unmöglichkeit, einen Schöpfergott im traditionellen Sinn auch nur zu denken. Zweitens hält der Verfasser eine moralische Ordnung ohne personhaften Urheber für sinnlos. Drittens führt er gegen Fichtes Vorhaltung, die Annahme eines unendlichen persönlichen Wesens sei widerspruchsvoll, ein altbewährtes theologisches Schlachtroß ins Gefecht: die Analogie, das analogische Verständnis. Gott sei zwar unerkennbar, wir könnten nur per analogiam von ihm reden, dies Reden sei aber deswegen nicht schon sinnlos. Viertens sei es in diesem Sinne auch nicht sinnlos, Gott als eine besondere Substanz zu denken. Der fünfte Punkt schließlich richtet sich auch gegen Kant: Der Verfasser meint, die Moral habe ohne den traditionellen Gott, der alles Verborgene sieht und schließlich im Jenseits die Guten belohnt und die Bösen bestraft, kein ausreichendes Fundament. Man sieht, die traditionellen theologischen Vorstellungen sind hier ohne Bewußtsein ihrer Problematik in Geltung geblieben. Der Verfasser hat es leicht, Atheismus zu schreien, da er sich um eine intellektuelle Rechtfertigung seiner Position nicht bemüht, sondern mit dem Überlieferten zufrieden ist.

Fichtes Verteidigungsschriften erschienen in schneller Folge. Sie sind offensichtlich nicht kühlen Blutes geschrieben, sondern in großer Erregung, weswegen sie in der Sache nicht immer geschickt verfahren und philosophisch nicht recht befriedigen. Es geht in ihnen um zwei Fragen: um die Freiheit der philosophischen Forschung, die selbst atheistische Behauptungen erlauben müsse, vor allem aber um die Abwehr dieses Vorwurfs. Fichte wendet sich mit Leidenschaft dagegen, ein Atheist zu sein.

Auf den ersten Punkt geht Fichte in der ersten Schrift, der *Appellation*, nur ziemlich kurz ein, etwas ausführlicher dann in den *Verantwortungsschriften*. Dazu hatte ihn vermutlich der kluge Rat Schillers bewogen, der am 26. Januar 1799 an Fichte schrieb: „Was meine besondere Meinung betrifft, so hätte ich allerdings gewünscht, daß Sie Ihr Glaubensbekenntnis über die Religion in einer besonderen Schrift ruhig und selbst ohne die geringste Empfindlichkeit gegen das Sächsische Konsistorium abgelegt hätten. Dagegen hätte ich, wenn ja etwas gegen die

Konfiskation Ihres Journals gesagt werden mußte, freimütig und mit Gründen bewiesen, daß das Verbot Ihrer Schrift, selbst wenn sie wirklich atheistisch wäre, noch immer unstatt bleibe; denn eine aufgeklärte und gerechte Regierung kann keine theoretische Meinung, welche in einem gelehrten Werke für Gelehrte dargelegt wird, verbieten. Hierin würden Ihnen alle, auch die Philosophen von der Gegenpartei, beigetreten sein, und der ganze Streit wäre in ein allgemeines Feld, für welches jeder denkende Mensch sich wehren muß, gespielt worden." (GA III, 3, 184)

Diese überlegte Ruhe war nicht Fichtes Sache. Er geriert sich als Märtyrer der Wahrheit, erinnert an den armen Vanini, der 1619 in Toulouse verbrannt worden war, und will laut reden, noch ehe sein Scheiterhaufen gebaut sei. Diese Lautstärke zeigt sich vor allem in der Empörung über den Vorwurf. Er selbst vergleicht Atheisten mit Tieren: „Die Beschuldigung der Gottlosigkeit ruhig ertragen, ist selbst eine der ärgsten Gottlosigkeiten. Wer mir sagt, du glaubst keinen Gott, sagt mir: du bist zu dem, was die Menschheit eigentlich auszeichnet, und ihren wahren Unterscheidungscharakter bildet, unfähig; du bist nicht mehr als ein Tier." (GA I, 5, 416 / FW V, 194) Dies sind nur mit der Erregung erklärbare Entgleisungen, selbst wenn man unterstellt, die Notwendigkeit des Glaubens an Gott im System von Subjektivität sei wirklich bewiesen gewesen. Daß Atheisten nicht mehr als Tiere seien, hätte sicherlich keiner der Gegner Fichtes behauptet.

In seiner Verteidigung rekurriert er vor allem darauf, daß Moralität und Religion nicht zu trennen seien: „Wer aber einen auch nur im mindesten ohne Beziehung auf unsere moralische Natur entworfenen, und von ihr im kleinsten Stücke unabhängigen Begriff vom Wesen Gottes verlangt, der hat Gott nie erkannt.... Moralität und Religion sind absolut Eins; beides ein Ergreifen des Übersinnlichen, das erste durch Tun, das zweite durch Glauben." (ebd. 428/208f.) Die Religion reduziert sich letzten Endes auf den Selbstzweckcharakter von Moral sowie auf die Zuversicht, daß diese Selbstgenügsamkeit der moralischen Vernunft die eigentliche Seligkeit sei. Eine von Moralität unabhängige Komponente – wie noch in Kants proportionierter Glückseligkeit – soll es nun nicht mehr geben.

Die vor allem beanstandeten Äußerungen aus dem ersten Aufsatz schwächt Fichte, sich selbst interpretierend, deutlich ab: Gott als Person zu denken wird nun nicht mehr als sinnlos, da widerspruchsvoll, sondern als unschädliche Folge der Endlichkeit unseres Verstandes ausgegeben. Daß Gott nicht als Substanz gedacht werden dürfe, wird so zurechtgelegt, daß „Substanz" notwendig ein im Raum und in der Zeit sinnlich existierendes Ding bedeute. Fichte vergißt hier freilich, daß er in der veröffentlichten Wissenschaftslehre und noch in der Sittenlehre 1798 wiederholt auch das absolute Ich als Substanz bestimmt hatte. Sicherlich wollte er es damit nicht als ausgedehnten Körper bezeichnen.

Schließlich kehrt er den Spieß um und bezichtigt seine Gegner des Atheismus, weil sie einen Begriff von Gott hätten, der doch in einigen Stücken von unserer moralischen Natur unabhängig sei. Über diese Sinnlichkeit und eudämonistische Genußsucht gießt Fichte die Schalen seines Zornes aus: „Wer da Genuß will, ist ein sinnlicher, fleischlicher Mensch, der keine Religion hat und keiner Religion fähig ist; die erste wahrhaft religiöse Empfindung ertötet in uns auf immer die Begierde. Wer Glückseligkeit erwartet, ist ein mit sich selbst und seiner ganzen Anlage unbekannter Tor; es gibt keine Glückseligkeit, es ist keine Glückseligkeit möglich; die Erwartung derselben, und ein Gott, den man ihr zufolge annimmt, sind Hirngespinste." (ebd. 436 f./219)

Auf die größtenteils unerquicklichen Einzelheiten der Streitereien einzugehen lohnt nicht. Erwähnt sei noch, daß Fichte in der gerichtlichen Verantwortungsschrift einen Jenaer Kollegen, mit dem er nicht gut stand, der Verfasserschaft des Schreibens eines Vaters bezichtigte (GA I, 6, 60–70 / FW V, 277–284). Diese Beschuldigung war aber völlig unbegründet; Fichtes Verhalten ist schwer zu verstehen. Außerdem nennt er noch beim Namen, was der ungenannte Grund aller Vorwürfe sei: „Ich bin ihnen ein Demokrat, ein Jacobiner; dies ist's." (ebd. 72/286) Damit dürfte er ins Schwarze treffen. Fichte distanziert sich

daher nun in dezenter Manier von seinen Revolutionsschriften von 1793 (ebd. 74 f. / 288 f.). „Ich kann keine Revolution wünschen, denn meine Wünsche sind befriedigt" (ebd. 78/293), heißt es beschwichtigend.

Der Atheismusstreit ist durchaus auch eine Krise in der Geschichte der Kantischen Philosophie überhaupt. Diese hatte ihren öffentlichen Siegeszug ja unter theologischem Vorzeichen begonnen. Reinhold hatte eine umfassende Sinnkrise in der geistigen Situation seiner Zeit festgestellt, als deren Wurzel er das Auseinanderbrechen von Vernunft und Religion ansah. In der Kantischen Philosophie glaubte er, das Heilmittel gegen diesen Zwiespalt finden zu können; wie oben in Abschnitt 3 erwähnt, hoffte er deswegen, daß von ihr so etwas wie eine religiöse Erneuerung ausgehen könnte. Der Atheismusstreit zeigte nun – übrigens auch für Reinhold selbst –, daß diese Hoffnung trügerisch gewesen war. Fichte hatte Ernst damit gemacht, im Begriff vom Wesen Gottes nicht das kleinste Stück übrig zu lassen, das von der Beziehung auf Moralität unabhängig war; er hatte jede Bindung dieser Religion an die sinnliche Welt gekappt und sogar die Hoffnung auf Glückseligkeit als Hirngespinst abgetan. Das Resultat war, daß man Atheismus schrie. Das, was an Bedürfnissen hinter dem wirklichen religiösen Leben stand, konnte durch eine Religion der Fichteschen Art nicht befriedigt werden. Mit anderen Worten, die erhoffte und intendierte Versöhnung von Vernunft und Glauben war auf diesem Wege nicht zu erreichen, die Krisis nicht zu überwinden. Die idealistischen Kritiker Fichtes haben sich deswegen auf einem anderen an diese Aufgabe gemacht. Hegel veröffentlichte 1802 eine Abhandlung mit dem Titel *Glauben und Wissen*, in der er sich ebenfalls um eine Versöhnung beider bemüht, auf Pfaden allerdings, die sich von der Kantischen Moralität weit entfernt haben. Auch Fichte selbst wandelt seine Konzeption. Die nächste wichtige Schrift, *Die Bestimmung des Menschen* von 1800, der wir uns nun zuwenden, hat einen Schlußteil, „Glauben" überschrieben, in dem sich manches schon recht anders als in dem Aufsatz von 1798 liest.

10. Die Bestimmung des Menschen 1800

Im Verlauf des Atheismusstreites erschienen zahlreiche Schriften und Broschüren, die zu diesem allgemein interessierenden Thema Stellung bezogen. Eine von diesen hat auf Fichtes weitere Entwicklung großen Einfluß gehabt: Jacobis Brief. Fichte hat Jacobi sehr hoch geschätzt; in einem Brief an Reinhold vom 8. Januar 1800 nennt er ihn den „tiefsten Denker unsrer Zeit" und stellt ihn „weit über Kant" (GA III, 4, 180). In der *Zweiten Einleitung in die Wissenschaftslehre* finden sich ähnlich anerkennende Äußerungen (GA I, 4, 235–238 / FW I, 482–485).

Jacobi hat nun im März 1799 einen sehr umfangreichen Brief an Fichte gesandt (GA III, 3, 224–281), der auch bald unter dem Titel *Jacobi an Fichte* als Büchlein erschienen ist.[40] Für Fichtes Betroffenheit von diesen Ausführungen zeugen z.B. die Briefe an Reinhold vom 22. April 1799 und an Jacobi selbst vom gleichen Tage (GA III, 3, 325 u. 334). Noch 1807 hat Fichte an eine Antwort gedacht (FW XI, 390–394).

Für Jacobi steht fest, daß Fichte der Vollender der Transzendentalphilosophie ist und Kant nur sein Vorläufer. Die Korrekturen an dem Kantischen Konzept, über die wir gesprochen haben, werden also als unvermeidlich und folgerichtig angesehen. Diese Überzeugung bestand bei vielen, z.B. auch bei Hölderlin, Schelling und Hegel. Kant selbst verschwand dadurch weitgehend aus der Diskussion, die Auseinandersetzung mit der Transzendentalphilosophie bezog sich nur noch auf Fichte.

Die Überlegenheit der Fichteschen Philosophie sieht Jacobi darin, daß sie eine „Philosophie aus Einem Stück" sei, nicht bloß ein „veränderter Vortrag der alten irgend einen Dualismus so oder anders zum Grunde legenden Philosophie" (Jacobi, Werke, a.a.O. 26). Die Wissenschaftslehre wendet sich, wie auch hier immer wieder betont wurde, gegen die dualistischen Prämissen der Kantischen Philosophie, sie versucht, die in dieser angenommenen Oppositionen als lediglich relative zu denken, die nur vor dem Hintergrund der Tätigkeit des über ihnen stehenden Ich Sinn machen. Jacobi sieht Fichtes Verdienst darin, gleichsam einen Kantianismus ohne dualistische Prämissen entwickelt zu haben. Hierin liegt für ihn – wie auch für Hölderlin, Schelling und Hegel – der Grund für die Überlegenheit der Fichteschen Philosophie. Philosophen, die noch von Form und Stoff als sauber unterscheidbaren Stücken reden, gelten schlichtweg als lächerlich. Hegel wird allerdings, wie wir im folgenden Abschnitt sehen werden, die Gegenrechnung aufmachen und auf die dualistischen Prämissen auch noch der Fichteschen Philosophie hinweisen. Er hält den Prozeß der „Überwindung" solcher Gegensätze mit Fichte keineswegs für abgeschlossen.

Jacobi aber meint, Fichte habe die dualistischen Prämissen erfolgreich weggearbeitet. Deswegen ist er der Überzeugung, daß eine Philosophie, die wissenschaftlich sein wolle, nur so aussehen könne wie die Wissenschaftslehre. Diese sei die konsequente und vollendete rationale Philosophie.

Diese Vorstellung hat jedoch für Jacobi etwas Gräßliches. In vielen Bildern bringt er sein Schaudern über diesen absoluten Monismus zum Ausdruck. Er gebraucht das Gleichnis von dem Strickstrumpf (ebd. 24), bei dem durch ein bloßes „Weben des Webens" „ohne empirischen Einschlag, oder sonst eine Beimischung oder Zutat" die Wirklichkeit entstehe. „Diesem meinem Strumpfe gebe ich Streifen, Blumen, Sonne, Mond und Sterne, alle möglichen Figuren, und erkenne: wie alles dies nichts ist, als ein Produkt der, zwischen dem Ich des Fadens und dem Nicht-Ich der Drähte schwebenden produktiven Einbildungskraft der Finger." (ebd. 24) Was in theoretischer Hinsicht die Auszeichnung der Wissenschaftslehre ist – die Überwindung der Dualismen, der strenge Monismus –, eben dies zeigt sich nun für Jacobi in existentieller Hinsicht als Katastrophe: „Ich sage aus, daß meine Vernunft, mein ganzes Inwendiges auffährt, schaudert, sich entsetzt vor dieser Vorstellung; daß ich mich abwende von ihr, als von dem Gräßlichsten unter allen Gräßlichkeiten – Vernichtung anflehe, wie eine Gottheit, wider eine

Abb. 6: Friedrich Heinrich Jacobi. Portrait von F. G. Weitsch, 1799

solche Danaiden- und Ixions-Seligkeit." (ebd. 28f., auch 41 u.ö.) Der Idealismus wird als „Nihilismus" (ebd. 44) gescholten, in dem Freiheit, besonnene Selbstanschauung und Vernünftigkeit zum Fluch werden.

Konsequente Wissenschaft, konsequente Rationalität führen für Jacobi zwangsläufig in diesen Nihilismus. Deswegen springt er seinen „Salto mortale" (ebd. 43) in den Glauben; er zieht dem „philosophischen Wissen des Nichts" seine „Philosophie des Nichtwissens" vor (ebd. 44). Das Bewußtsein des Nichtwissens sei das Höchste im Menschen, der Ort dieses Bewußtseins sei der der Wissenschaft unzugängliche Ort des Wahren (ebd. 5f.). „Gott kann nicht gewußt, sondern nur geglaubt werden. Ein Gott, der gewußt werden könnte, wäre gar kein Gott." (ebd. 7) Während Fichte wolle, daß die Wissenschaft des Wissens vollendet werde, damit sich in ihr der Grund aller Wahrheit zeige, wolle er – Jacobi – diese Vollendung, damit offenbar werde, daß das Wahre selbst außer der Wissenschaft sei (ebd. 17).

Jacobi wendet sich also nicht gegen Fichte als rationalen Philosophen; sein Bedenken setzt gerade voraus, daß die Wissenschaftslehre in dieser Hinsicht vollendet ist. Der Nihilismus des Resultats beweist deshalb für ihn, daß „strenge Wissenschaft" das Wahre nicht erreicht, weil es sich an einem für eine Rationalität dieser Art unzugänglichen Ort befindet.

Die Bestimmung des Menschen (GA I, 6, 145–311 / FW II, 165–319), Fichtes erstes größeres Werk nach dem Atheismusstreit, soll eine populäre Darstellung der Grundidee seiner Philosophie überhaupt geben, außerdem den Vorwurf des Atheismus abwehren, in erster Linie aber der Kritik Jacobis entgegentreten. Die Schrift hat drei Teile mit den Titeln „Zweifel", „Wissen", „Glauben".

Das erste Buch (literarisch der Monolog eines Ich) entwickelt eine streng deterministische Philosophie, im ganzen am Vorbild Spinozas orientiert – obwohl Fichte z.B. für den Bereich der Biologie, Vorstellungen der Zeit entsprechend und von Spinoza abweichend, ursprüngliche biologische „bildende" Kräfte annimmt, also nicht alles auf physikalische Prinzipien reduziert. Das Ich selbst gehört vollständig in diese Natur hinein, sein

Denken ist eine ihrer Ausprägungen. Dies führt auch für es zu einem durchgängigen Determinismus, in dem Freiheit ein – selbst wieder natürlich erklärbarer – Schein ist: „Dieser mein Zusammenhang mit dem Naturganzen ist es denn, der da bestimmt, alles was ich war, was ich bin, und was ich sein werde: und derselbe Geist würde aus jedem möglichen Momente meines Daseins unfehlbar folgern können, was ich vor demselben gewesen sei, und was ich nach demselben sein werde. Alles was ich je bin und werde, bin ich und werde ich schlechthin notwendig, und es ist unmöglich, daß ich etwas anderes sei." (ebd. 201 f./182 f.) Einflüsse und Einwirkungen äußerer Dinge auf das Ich gelten auch in diesem System als sinnlos – wie ja in der Tat bei Spinoza –; diese These ist also keineswegs für den Idealismus spezifisch. Fichte schreibt: „Der Grund, warum ich etwas außer mir annehme, liegt nicht außer mir, sondern in mir selbst, in der Beschränktheit meiner eigenen Person." (ebd. 204/185) Vorstellungen und Sein entsprechen einander, weil sie nur miteinander erzeugt werden. Tugend und Laster aber ergeben sich notwendig im Lauf der Natur: „Die Kraft, welche jedesmal siegt, siegt notwendig." Die Begriffe „Verschuldung" und „Zurechnung" können nur eine äußerlich-juristische Bedeutung haben.

Dann aber: „O, diese widerstrebenden Wünsche!" (ebd. 207/ 190) Das Herz des monologisierenden Ich ist zerrissen von dem, was den Verstand befriedigt: Es will nach einem frei entworfenen Zweckbegriff mit Freiheit handeln können, es will wahre, wesenhafte Zurechenbarkeit. „Bin ich frei und selbständig, oder bin ich nichts an mir selbst, und lediglich Erscheinung einer fremden Kraft?" (ebd. 211/195) In der Verzweiflung über diese Zerrissenheit endet das erste Buch. Die genannte Frage liegt für Fichte an der Wurzel allen philosophischen Nachdenkens. Wir wissen schon, daß er bereit ist, die Beantwortung aller anderen Fragen so einzurichten, daß bei dieser unser Interesse – das edelste zwar, aber eben doch ein Interesse – befriedigt werden kann.

Im zweiten Buch kommt dem Ich „um die Stunde der Mitternacht" ein „wunderbarer Geist" zuhilfe, der mit ihm einen Dialog führt. Fichte will hier eine populäre Darstellung der Grundgedanken der Wissenschaftslehre geben; in einem Dialog ist das leichter möglich.

Fichte entwickelt eine Theorie der Gegenstandserfahrung, die aus den drei Komponenten Empfindung, Anschauung und Denken aufgebaut wird. Die Abhängigkeit der Theorie von der Praxis bleibt hier aus Gründen, die später deutlich werden, außer Betracht. Die Empfindungen sind subjektive Modifikationen, und zwar – wenn Raum und Zeit nicht empfunden werden können – einfache, ausdehnungslose Qualitäten: „Du solltest sonach das Rote schlechtweg als einfaches sehen, als mathematischen Punkt, und siehst es auch wohl nur als solchen. In dir wenigstens, als deine Affektion, ist es doch offenbar ein einfacher bestimmter Zustand, ohne alle Zusammensetzung, den man als mathematischen Punkt bilden müßte." (ebd. 220/205) Dies gilt, wenn die raumzeitliche Extension als solche nicht empfunden werden kann. Diese Kantische Behauptung sucht Fichte durch eine Analyse der Empfindung zu bestätigen. Die verwickelten Einzelheiten müssen hier übergangen werden; schließlich gesteht das Ich dem Geist zu, daß es die Flächen-Ausdehnung der Eigenschaften weder sehen, noch fühlen, noch durch einen anderen Sinn fassen könne (ebd. 222/208). Fichte hat mindestens insoweit recht, daß jede realistische Deutung der sinnlichen Erkenntnis zum wenigsten voraussetzt, daß auch Raum und Zeit unabhängig vom Ich da sind. Ein Ding an sich ohne räumliche und zeitliche Erstreckung, ohne Veränderlichkeit usw. wäre in der Tat nutzlos; schon für den Gedanken des Außer-uns-Seins muß ja Räumlichkeit unterstellt werden. Ein Rettungsversuch derart, daß man die Sache ins „Unerkennbare" hinüberspielt, würde offenkundig sinnlos sein. Wer also die Kantische Philosophie realistisch deutet, wird immer Raum und Zeit auch als vom Ich unabhängige Realität unterstellen müssen. Dies ist ein sachlich wichtiges und wohl zutreffendes Argument für Fichtes Position. In der WL 1801/02 formuliert er es treffend so: Wenn man sich den Stoff kann geben lassen, wird der Raum schon ohne alles weitere Zutun mitkommen (GA II, 6, 233 / FW II, 94). Auch hier ist es ausgeschlossen, daß Form und

Stoff zwei „besondere Stücke" sind (vgl. oben S. 68 f.), die auf verschiedene Quellen zurückgeführt werden können.

Das Ich, dem die Modifikationen angehören sollen, muß allerdings durchweg Oals individuell verstanden werden, denn anders machen diese keinen Sinn. Es ist zweifellos der theoretische Hauptmangel der Fichteschen Philosophie, daß der Status des Ich und – wenn man denn ein überindividuelles annehmen will – das Verhältnis zwischen diesem und den individuellen Personen niemals befriedigend geklärt werden.

Erst durch die synthetischen Leistungen des Denkens kommen wir von den Empfindungen und Anschauungen zu Gegenständen. Für diese synthetischen Leistungen ist vor allem wichtig der „Satz vom Grunde", nach dem sie verfahren, und weiterhin, daß diese Synthesis kein „Verknüpfen" von schon Vorhandenem ist, sondern ein Anknüpfen eines neuen, erst durch die Anknüpfung entstehenden Gliedes an das Vorhandene. So schließt Fichte: „Mein unmittelbares Bewußtsein ist zusammengesetzt aus zwei Bestandteilen, dem Bewußtsein meines Leidens, der Empfindung; und dem meines Tuns, in Erzeugung eines Gegenstandes nach dem Satz des Grundes; welches letztere an die erstere sich unmittelbar anschließt. Das Bewußtsein des Gegenstandes ist nur ein nicht dafür erkanntes Bewußtsein meiner Erzeugung einer Vorstellung vom Gegenstande." (a. a. O. 232/221) Für Fichte wird nicht die Empfindung philosophisch erklärt (etwa durch ein Ding an sich); sie ist schlechtweg da. Indem das Ich sie sich selbst erklärt, kommt es zu Gegenständen. Es „denkt einen Grund hinzu", nach eigenen Gesetzen, ohne aber wirklich über sich hinauszugehen. Wenn der Raum, in den hinein man aus sich herausgeht, gar nicht außer uns ist, kann das auch nicht anders sein.

Der Geist meint, daß durch diese Theorie die Furcht vor dem Determinismus, die das Ich im ersten Buch gequält hatte, gegenstandslos geworden sei: „Und mit dieser Einsicht, Sterblicher, sei frei, und auf ewig erlöset von der Furcht, die dich erniedrigte und quälte. Du wirst nicht länger vor einer Notwendigkeit zittern, die nur in deinem Denken ist, nicht länger fürchten, von Dingen unterdrückt zu werden, die deine eigenen

Produkte sind, nicht länger dich, das Denkende, mit dem aus dir selbst hervorgehenden Gedachten in Eine Klasse stellen." (ebd. 247/240)

Ist diese „Erlösung" begründet? Das Kantische Paradoxon, daß unsere Handlungen qua Erscheinungen – sofern sie also selbst raumzeitliche Gegebenheiten sind – wie Mondfinsternisse vorhersagbar sind, ist nicht aus der Welt. Und die Furcht des Ich bezog sich doch wohl darauf, daß das, was es an einem bestimmten Tag zu einer bestimmten – vielleicht unglücklichen – Stunde tut, determiniert ist. Daß die Dinge unsere „eigenen Produkte" sind, ist kein Argument gegen diese Furcht.

Das Ich ist jedoch nicht in dieser, sondern in einer ganz anderen Hinsicht unzufrieden. Wie dem Jacobi des Briefes schaudert ihm vor dem Nihilismus, der sich aus diesem konsequenten idealistischen Monismus ergibt. Es fühlt sich und alles um sich herum in Nichts verwandelt, sogar das denkende, geistige Wesen selbst sei nur ein Produkt des Denkens (ebd. 249/242). Es kommt zu einer großen Scheltrede auf das Wissen, in die auch der Geist einstimmt: „Was durch das Wissen, und aus dem Wissen entsteht, ist nur ein Wissen. Alles Wissen aber ist nur Abbildung, und es wird in ihm immer etwas gefordert, das dem Bild entspreche. Diese Forderung kann durch kein Wissen befriedigt werden; und ein System des Wissens ist notwendig ein System bloßer Bilder, ohne alle Realität, Bedeutung und Zweck." (ebd. 252/246) Fichte ist bemüht, die Kritik des Wissens durch Jacobi zu übertrumpfen. Wie paßt das zu einer Philosophie, die als „Wissenschaftslehre" angetreten ist?

Schon in der ersten Fassung dieser Wissenschaftslehre hatte Fichte seine Überzeugung dargelegt, daß die eigentliche Realitätserfahrung praktisch fundiert und ohne Streben, Zwecksetzungen, selbst sittliche Forderungen nicht möglich ist. Im zweiten Buch der vorliegenden Schrift hatte er nur die theoretischen Momente des Erkennens herangezogen. Dies „Wissen" wird nun als in sich haltlos, ohne Realität und Bedeutung kritisiert. Die Jacobische Wissenskritik wird also interpretiert als Kritik an einem bloß theoretischen Wissensmodell: allein ein solches habe nihilistische Konsequenzen. Für die praktische Gewißheit, die über das bloß abbildende Wissen hinausführt, wird der Ausdruck „Glauben" reserviert, der auch bei Jacobi auf der positiven Seite steht, aber z.B. schon in der *Sittenlehre* ähnlich verwandt worden war (GA I, 5, 43 u. 65 / FW IV 26 u. 54). Alle Menschen fassen „alle Realität, welche für sie da ist, lediglich durch den Glauben", heißt es (GA I, 6, 258 / FW II, 255). Das könnte wörtlich so auch bei Jacobi stehen.

Liegt nur eine terminologische Anpassung vor, die der Kritik Jacobis den Wind aus den Segeln nehmen soll, oder eine inhaltliche Transformation? Fichte spitzt seine Konzeption vom Primat des Praktischen vor dem Erkennen extrem zu, um den Jacobischen Vorhaltungen zu begegnen – aber dem, was Jacobi fordert, wird gar nicht entsprochen. Das Realitätsbewußtsein im Praktischen knüpft an den Trieb zu „absoluter, unabhängiger Selbsttätigkeit" an, die Realität ist keine andere als die meines reellen Handelns, es bleibt bei diesem idealistischen Monismus: „Realität habe ich und fasse ich: sie liegt in mir, und ist in mir selbst einheimisch." (ebd. 255/251) Für Fichte überwindet die praktische Gewißheit den Nihilismus: „Wir handeln nicht, weil wir erkennen, sondern wir erkennen, weil wir zu handeln bestimmt sind; die praktische Vernunft ist die Wurzel aller Vernunft. Die Handelnsgesetze für vernünftige Wesen sind unmittelbar gewiß: ihre Welt ist gewiß nur dadurch, daß jene gewiß sind. Wir können dem ersteren nicht absagen, ohne daß uns die Welt, und mit ihr wir selbst in das absolute Nichts versinken; wir erheben uns aus diesem Nichts und erhalten uns über diesem Nichts lediglich durch unsere Moralität." (ebd. 265/263) Für Jacobi aber wäre diese auf den Trieb nach absoluter Selbsttätigkeit zurückgehende Gewißheit noch immer nihilistisch. Sie bleibt ausschließlich in mir. Fichte gibt seiner Theorie einen Jacobi-nahen Anstrich; an dem Monismus, dem von Jacobi beklagten „Weben des Webens" ändert sich aber nichts. Es bleibt bei dem, was Fichte auch vorher vertreten hatte: der intuitiven Evidenz von Freiheit und der Erklärung alles Realitätsbewußtseins aus immanenten Gesetzen der Intelligenz.

Fichte stellt dann noch einmal die wichtigsten Gedanken seiner Moralphilosophie zusammen: die Evidenz des kategorischen Imperativs, die Zwecke von Moralität in der diesseitigen Sinnenwelt und in der „überirdischen Welt" (ebd. 279/281). Sittliche Taten müssen auch einen Zweck in der überirdischen Welt haben, denn in der sinnlichen Welt würde bloße Legalität dieselben Effekte haben wie Moralität und also ausreichen. Dies führt zur eigentlichen Religionsphilosophie, in der nun in der Tat Neues geschieht.

Das dem Willen aller endlichen Wesen vorgeordnete Gesetz, das das Gelingen einer jeden moralisch motivierten Tat in dieser überirdischen Welt garantiert, wird nun – entgegen dem, was der Aufsatz von 1798 gesagt hatte – sehr viel stärker personal bestimmt. Es verwandelt sich zunächst in einen Willen: „Das Gesetz der übersinnlichen Welt wäre sonach ein Wille" (ebd. 291/297), und bald finden sich auch die anderen herkömmlichen Bestimmungen des Theismus wieder ein. Dieser unendliche Wille sei Vermittler zwischen dieser übersinnlichen Welt und mir, denn er sei der „Urquell" von ihr und mir (ebd. 293/299). Sogar das Wissen freier Wesen voneinander wird durch Rekurs auf diesen unendlichen Willen erklärt: „Kurz, diese gegenseitige Erkenntnis und Wechselwirkung freier Wesen schon in dieser Welt ist nach Natur- und Denkgesetzen völlig unbegreiflich, und läßt sich erklären lediglich durch das Eine, in dem sie zusammenhängen, nach dem sie für sich getrennt sind, durch den unendlichen Willen, der alle in seiner Sphäre hält und trägt. Nicht unmittelbar von dir zu mir, und von mir zu dir strömt die Erkenntnis, die wir voneinander haben; wir für uns sind durch eine unübersteigliche Grenzscheidung abgesondert. Nur durch unsere gemeinschaftliche geistige Quelle wissen wir voneinander; nur in ihr erkennen wir einander, und wirken wir aufeinander." (ebd. 294/301) Auch die „Übereinstimmung über Gefühl, Anschauung und Denkgesetze", von der es abhängt, „daß wir alle dieselbe Sinnenwelt erblicken", wird nun als „Resultat des Einen ewigen unendlichen Willens" erklärt (ebd. 295/302). Dieser ist so auch wieder Weltschöpfer – freilich nicht der herkömmliche, der die Dinge im Raum erschafft, sondern ein idealistischer: „Jener ewige Wille ist also allerdings Weltschöpfer, so wie er es allein sein kann, und wie es allein einer Schöpfung bedarf; in der endlichen Vernunft.... Nur in unseren Gemütern erschafft er eine Welt, wenigstens das, woraus wir sie entwickeln, und das, wodurch wir sie entwickeln: – den Ruf zur Pflicht; und übereinstimmende Gefühle, Anschauung und Denkgesetze." (ebd. 296/303) Am Schluß des Buches wird daraus eine hymnisch besungene pantheisierende Religiosität: alles ist belebt und beseelt, alles in sich verwandt, Gottes Leben fließt, im Auge des Sterblichen mannigfach versinnlicht, in die ganze unermeßliche Natur.

Wieder stellt sich die Frage: liegt nur eine terminologische Akkomodation oder eine inhaltliche Änderung vor? Wird nur die überindividuelle Vernunft, deren Akzidenz die individuelle Person auch nach den früheren Texten sein sollte, in einer stärker religiös gefärbten Sprache beschrieben – oder wird nun in der Art von Leibniz und Berkeley Intersubjektivität durch einen wirklichen Rekurs auf Gott erklärt? Genügt die jetzt gegebene Erklärung der Übereinstimmung der Gefühle noch dem Postulat, daß im Ich alles aus ihm selbst erklärt werden muß, oder liegt der unendliche Wille nicht mehr im Ich? Bleibt es bei dem monistischen von Jacobi beklagten „Weben des Webens", oder springt ein Göttliches in die Bresche, das auch Jacobi als solches anerkennen könnte?

Die Entscheidung ist nicht einfach. Fichte gibt sich zweifellos Mühe, den religiösen Forderungen seiner Zeitgenossen – und wohl auch seiner selbst – so weit wie möglich entgegenzukommen. Aber der ewige Wille heißt auch „der ewige Wille in uns", die „unendliche Vernunft, die an sich ist". Der philosophischen Forderung, im Ich alles aus ihm selbst zu erklären, soll immer noch entsprochen werden. Der ewige Wille könnte so identifiziert werden mit dem sich selbst setzenden Ich des obersten Grundsatzes, insofern es kein individuelles Ich ist. Die Grenzen zwischen Ich und Gott werden fließend. Ein religiöser Kritiker müßte wohl konstatieren, daß hier begriffliche Zweideutigkeiten ausgenutzt werden, um religiöse Bedürfnisse zumindest scheinbar zu befriedigen; ein Kritiker aus philosophischer Perspektive hätte zu monieren, daß der Status des Ich, das sich selbst setzen soll, so unklar bleibt, daß auch das Postulat, im Ich alles aus ihm selbst zu erklären, keinen eindeutigen Sinn mehr hat. Wenn der Rekurs auf Gott dabei erlaubt ist und mitzählt, wird auch bei Thomas von Aquin alles aus dem Ich erklärt.

Für Fichte ist mit diesen Fragen aber das Thema angeschlagen, das ihn in den folgenden Jahren vor allem beschäftigen und die Weiterentwicklung seines Denkens veranlassen sollte. Daß dies nicht nur sein persönliches Thema war, zeigen die Denkwege der Schöpfer des damals entstehenden absoluten Idealismus, von Hölderlin, Schelling und Hegel. Die Auseinandersetzung vor allem mit Schelling wurde nun für Fichte entscheidend.

11. Auseinandersetzungen um Fichtes Philosophie

Fichtes Philosophie ist bald auf Unbehagen und Widerstand gestoßen. In einem Brief Schillers an Goethe heißt es (28. Oktober 1794): „Schon regen sich starke Gegner in seiner eigenen (d.h. Fichtes, P. R.) Gemeinde, die es nächstens laut sagen werden, daß alles auf einen subjektiven Spinozismus hinausläuft." Es dauerte noch einige Jahre, bis die „starken Gegner" aus der eigenen Gemeinde auch öffentlich laut wurden, bis das Unbefriedigtsein an dem subjektiven Spinozismus in der Lage war, sich als philosophische Kritik zu artikulieren. Die kritische Stimmung allerdings war anscheinend früh weit verbreitet; Hannelore Hegel spricht von der „Allgemeinheit einer philosophischen Atmosphäre" und sagt: „Man darf diese Allgemeinheit der Aufgabenstellung in einer bestimmten geschichtlichen Phase nicht vergessen, will man verstehen, wieso mit so großer Anstrengung, in so rascher Folge und so differenzierter Ausprägung Lösungen versucht wurden."[41] Die Aufgabenstellung war schwierig, weil die Leistung Fichtes hoch eingeschätzt wurde. Wir haben gesehen, daß Jacobi die Wissenschaftslehre für die vollendete Transzendentalphilosophie hielt; ähnlich dachten andere. Der Weg zurück in die orthodoxen Dualismen war versperrt, deswegen mußten neue Wege erkundet werden.

Zu den frühesten Kritikern Fichtes gehört Friedrich Hölderlin, der vom November 1794 an in Jena weilte und von Fichte sehr beeindruckt war. „Fichte ist jetzt die Seele von Jena. Und gottlob! daß ers ist. Einen Mann von solcher Tiefe und Energie des Geistes kenn ich sonst nicht." Das steht in einem Brief an Neuffer vom November 1794. Aber gerade Hölderlin ist es, der als erster Ansätze für eine philosophische Überwindung des Fichteschen Standpunktes formulierte und so das atmosphärische Unbehagen auf Begriffe zu bringen versuchte – etwa in dem Brief an Hegel vom 26. Januar 1795 oder in dem aus der gleichen Zeit stammenden Fragment *Urteil und Sein*. Fichte hat davon nichts gewußt; Hölderlins Gedanken sind aber durch seine Kontakte mit Schelling und Hegel von großem Einfluß auf die weitere Entwicklung gewesen. Auch die ähnlichen Überlegungen des mit Hölderlin befreundeten Isaak von Sinclair waren Fichte unbekannt. Das „Sich-Regen der Gegner" im eigenen Lager blieb vorerst noch im Verborgenen.

Bevor ich auf die eigentliche „Gigantomachie" zwischen Fichte und Schelling eingehe, seien einige Vorhut-Gefechte genannt. Schon der Atheismusstreit und Jacobis Schrift hatten Fichtes Philosophie in das Zentrum der öffentlichen Auseinandersetzung gerückt. Fichte hatte sich nun immer wieder zu verteidigen.

Natürlich meldeten sich nicht nur solche zu Wort, die die idealistische Philosophie auf dem eingeschlagenen Wege weiterentwickeln wollten. Den Standpunkt des Commonsense Lockescher Provenienz vertrat etwa der alte Berliner Aufklärer Friedrich Nicolai (1733–1811). Schon Kants Idealismus erschien ihm als Irrweg, erst recht Fichtes Lehre von dem Ich, das das Nicht-Ich setzt. Bei verschiedenen Gelegenheiten hat er seine Ansicht kundgetan, daß für ihn dergleichen blanke Narretei und vollendeter Irrationalismus sei.

Fichte entgegnete schließlich mit einem ganzen Buch *Friedrich Nicolais Leben und sonderbare Meinungen*, das 1801 erschien (GA I, 7, 325–463 / FW VIII, 1–93). Es ist ein drastischer Beleg für die bei den Romantikern so beliebte „göttliche Grobheit". Nicolais Leben wird aus einem höchsten Prinzip deduziert, und zwar als „vollendetstes Beispiel von radikaler Geisteszerrüttung und Verrückung" (ebd. 370/5). Der Ton darin ist von dieser Art: „Unser Held, der nun einmal zum literarischen Stinktiere und der Natter des achtzehnten Jahrhunderts bestimmt war, verbreitete Stank um sich, und spritzte Gift, nicht aus Bosheit, sondern lediglich durch seine Bestimmung getrieben." (ebd. 426/58) In der Vorrede preist A. W. Schlegel das Glück Nicolais, daß Fichte so viele Federzüge an ihn wende, und schreibt: „Der Tag, wo diese Schrift erscheint, ist unstreitig der ruhmbekrönteste seines langen Lebens, und man könnte besorgen, er werde bei seinem ohnehin schon schwachen Alter ein solches Übermaß von Freude und Herrlichkeit nicht überleben." (ebd. 367/4) In der philosophischen Auseinandersetzung mit einem solchen Commonsense-Realismus – auch davon findet sich in dieser Schrift etwas – ist Fichte keineswegs immer besonders überzeugend.

Im Geist Jacobis gehalten ist die 1800 erschienene *Clavis Fichtiana* Jean Pauls, auch sie ein Beleg für das atmosphärische Unbehagen. Sie bekämpft den subjektiven Idealismus als „philosophischen Egoismus" und möchte beweisen, „daß die so bezeichnete Haltung konsequent zu Solipsismus und Wahnsinn führen müsse".[42]

Das philosophisch wichtigste von den Vorhut-Gefechten war die Auseinandersetzung mit Reinhold und Bardili. Reinholds frühe Schriften hatten für die Ausbildung der Wissenschaftslehre große Bedeutung gehabt. In ihrem Briefwechsel haben Fichte und Reinhold dann eindringlich über das Verhältnis beider Systeme diskutiert. In zwei langen Briefen vom 28. April und vom 2. Juli 1795 versuchte Fichte, seinen Vorgänger von der Überlegenheit der eigenen Konzeption zu überzeugen. Schließlich hatte er damit sogar Erfolg; vor allem der Kritik am Ding an sich konnte Reinhold nichts entgegensetzen. So bekannte er sich 1797 z. B. in der Abhandlung *Über den gegenwärtigen Zustand der Metaphysik und der transzendentalen Philosophie überhaupt* öffentlich zur Wissenschaftslehre, was für Fichte ein großer Prestigeerfolg war. Auch im Atheismusstreit stellte er sich mit zwei kleinen Schriften vor Fichte.

Schon seit den Schriften zu Kant stand aber für ihn die Transzendentalphilosophie in dem größeren Horizont des Problems, die Einheit von Vernunft und Glauben zu sichern. Die Zweifel daran, daß die Wissenschaftslehre dies zu leisten vermöge, mehrten sich dann – insbesondere auch unter dem Einfluß der Freundschaft mit Jacobi (beide lebten seit 1794 in Schleswig-Holstein).

1800 erschien nun von Chr. G. Bardili (1761–1808, Professor am Gymnasium in Stuttgart) ein *Grundriß der ersten Logik*, in dem zuerst – vor Schelling und Hegel – der Anspruch erhoben wurde, über den Standpunkt der Wissenschaftslehre hinausgelangt zu sein. Reinhold schrieb sogleich (23. Janaur 1800) einen begeisterten Brief an Fichte, in dem er ihm das Studium dieses Werkes empfahl; er rezensierte es auch für die *Allgemeine Literaturzeitung* und erklärte dabei, Bardili stehe als spekulativer Philosoph auf einem höheren Standpunkt als Kant oder einer von Kants Nachfolgern.

Die Grundgedanken von Bardili weisen durchaus auf das voraus, was etwas später Schelling und Hegel wollen: Für den Anfang der Philosophie sei etwas zu fordern, das über allen Gegensätzen, insbesondere über dem von Subjektivität und Objektivität stehe; das Denken als Denken tue dies; es sei nicht als subjektive Tätigkeit zu nehmen und nicht mit dem Vorstellen zu verwechseln. So könne auch das Auseinanderfallen von Logik und Metaphysik überwunden werden.

Fichtes Philosophie war selbst gegen die dualistischen Prämissen der Kantischen Philosophie gerichtet gewesen. Nun wird dieser Spieß gegen ihn gekehrt: von seinen Gegnern wird ihm nicht zugegeben, daß das als Selbstbewußtsein interpretierte Ich über allen Gegensätzen steht; es wird als etwas doch Subjektives aufgefaßt und deswegen als einseitig abgetan. Schon Hölderlins Kritik hatte zum Inhalt gehabt, daß das Ich der höchste Einheitsgrund nicht sein könne. Die von Fichte benutzte Terminologie schien den Gegnern Recht zu geben.

Fichte war nicht gesonnen, sein Ich der Einseitigkeit überführen zu lassen und damit einen anderen höheren Standpunkt einzuräumen. Er rezensiert 1800 in der *Erlanger Literaturzeitung* das Werk von Bardili (GA I, 6, 429–450 / FW II, 490–503). Die Schwäche des Konzeptes von Bardili und Reinhold bestand darin, daß sie trotz ihres Einsatzes bei einem absoluten Denken sehr bald den Unterschied dieses Denkens von einer Materie, auf die es „angewandt" werden soll, ins Spiel brachten. Dies Festhalten an der Form-Materie-Differenz brachte Reinhold von Fichte den Vorwurf ein (den Schelling und Hegel bald wiederholen sollten), die neue Philosophie sei nur die aufgewärmte Elementarphilosophie von 1789; auch in dieser stand diese Differenz – wie auch bei Kant selbst – ziemlich obenan.

Gegen den Anspruch Bardilis, die Wissenschaftslehre weiter-geführt zu haben, besteht Fichte darauf, daß das Ich über dem Denken – und nicht umgekehrt – steht: „... daß man mit dem reinsten Denken doch nicht auf den Grund alles Bewußtseins kommt, daß das reine Denken gar nicht über dem Ich steht, daß das letztere – daß ich mich so ausdrücke – das Intelligieren kat exochen bedeutet, von welchem Denken, Anschauen, Wollen usw. nur Unterarten sind, die nicht schlechthin gesetzt, sondern aus jenem abgeleitet werden müssen." (ebd. 447/501) Für Fichte ist das Denken ein Modus des Ich; jenes, nicht dieses ist etwas Einseitiges.

1801–03 gab Reinhold *Beiträge zur leichteren Übersicht des Zustandes der Philosophie beim Anfange des 19. Jahrhunderts* heraus, um die neue Philosophie zu verbreiten. Im ersten Heft griff er Fichtes Rezension an; dieser repliziert mit dem *Antwortschreiben an Herrn Professor Reinhold* (1801) (GA I, 7, 275–324 / FW II, 504–534). Der Streit kreist um die drei Begriffe reines Denken, intellektuelle Anschauung, Ich. Was steht über wem?

Für Fichte ist die intellektuelle Anschauung Basis jedes allgemeinen, für alle gültigen Wissens. Sie ist der Intelligenz immanent, ist Ichheit, die insofern nicht Individualität ist, sondern Identität von Subjektivität und Objektivität. Reinhold wird vorgeworfen, die Wissenschaftslehre auf das „gemeine Ich" zu beziehen; sie werde dann Psychologie (ebd. 296/509); es ergäbe sich die Konsequenz, daß jedes Individuum seine eigene Welt haben müßte. So allerdings sei die Wissenschaftslehre absurd. Das Zeitleben von Individuen sei lediglich Erscheinung des absolut zeitlosen rein vernünftigen Lebens. Es ist klar: Wenn das Ich vor dem Verdacht der „Einseitigkeit" bewahrt werden soll, darf es jedenfalls nicht als individuell gedacht werden. Auch das Programm einer Revolution der Logik lehnt Fichte ab (ebd. 305/518). Die Aufhebung der Trennung von Logik und Metaphysik sei ein Irrweg; die traditionelle Logik dürfe qua Logik nicht verändert werden. In dieser Auffassung kann man eine vorweggenommene Antwort Fichtes auf Hegels spätere Bestrebungen sehen.

Der Streit mit Bardili und Reinhold war nur ein Vorspiel für den mit Schelling und Hegel. Der Inhalt freilich blieb derselbe: Es ging um den „höheren" Begriff des Absoluten – darum also, in welchem Begriff am ehesten ein über allen Gegensätzen stehendes „Absolutes" zu erkennen sei. Steht das Denken über oder unter dem Ich? Steht das Sein über oder unter beiden? Ist das Absolute als „absolute Identität" zu bestimmen? Fragen dieser Art können den Verdacht erwecken, bloß verbaler Leerlauf zu sein. In diesem Streit um den höheren Begriff des Absoluten laufen drei Tendenzen zusammen: Einmal gab es von Reinhold her die Diskussion um das Fundament der Philosophie, darum also, was ihr oberster Grundsatz sein müsse. Zweitens hatte sich der in der Auseinandersetzung mit dem orthodoxen Kantianismus (Fichte hat immer bestritten, daß Kant selbst dazu gehöre) entwickelte Antidualismus zu der Forderung verschärft, daß der Anfang der Philosophie etwas sein müsse, das über allen Gegensätzen stehe und nichts Einseitiges mehr sei. Drittens kam dazu die – soeben durch den Atheismusstreit aktualisierte – religiöse Problematik. Durch den Spinozismusstreit von 1785 veranlaßt, war eine an Spinoza orientierte Gottesvorstellung in den Blick gekommen, die – anders als die orthodoxeren – die Chance bot, in den ohnehin gegebenen Stand der Probleme einbezogen zu werden. Da Fichte außerdem den Spinozismus wiederholt als wesentliche Alternative zum eigenen System bezeichnet hatte, lag es nahe, eine „Synthese" als notwendig zu behaupten. In der Vorerinnerung zur *Darstellung meines Systems der Philosophie* nennt Schelling Spinoza als denjenigen, dem er sich durch sein System dem Inhalt und der Sache nach am meisten anzunähern glaube (Schelling, Werke IV, 113).

Das Zusammenwirken dieser drei Tendenzen hatte zur Folge, daß der Begriff des Absoluten hinsichtlich seiner „Befugnis" als unproblematisch galt. Fraglich war nur, wie er zu bestimmen sei. So kurz nach dem Kantischen Kritizismus ist das verwunderlich – jede theoretisch-metaphysische Einsicht in das Absolute schien durch ihn unterbunden –; aber Reinholds Postulat eines ersten Grundsatzes sowie das Prinzip, daß alles Beschränkte nur vor dem Hintergrund eines Unbeschränkten denkbar sei, führten mit innerer Folgerichtigkeit zum Gedanken des Absoluten zurück. Dazu die religiöse Situation – kein Philosoph wollte in den Geruch des Atheismus kommen. So erklärt es sich, daß auf einmal als fraglose Selbstverständlichkeit erschien, jedes philosophische System habe von einem Konzept des Absoluten auszugehen.

Schelling hatte seit 1794 in verschiedenen Schriften die Grundgedanken der Fichteschen Philosophie vertreten. In der *Allgemeinen Übersicht der neuesten philosophischen Literatur*, 1797 im *Philosophischen Journal* erschienen und 1809 unter dem Titel *Abhandlungen zur Erläuterung des Idealismus der Wissenschaftslehre* wiederveröffentlicht, zeigt er sich als Parteigänger Fichtes. Gegen den orthodoxen Kantianismus macht hier Schelling überzeugend klar, daß man die Entstehung von Erfahrung nicht als das Zusammentreffen einer formlosen Materie mit einer materielosen Form denken könne; auch daß undenkbar sei, daß der Verstand der Natur die allgemeinen Gesetze vorschreibe, diese aber die besonderen von sich aus mitbringe. Der Eindruck eines „subjektiven Spinozismus", den wie erwähnt Fichtes Philosophie ohnehin gemacht hatte, mußte sich freilich durch Schellings Darstellung erheblich verstärken. Einige Texte enthalten eine Vorstellung des Absoluten, die bereits auf späteres vorausdeutet. Manche Äußerungen Fichtes – z.B. eine Anmerkung aus der *Zweiten Einleitung* (GA I, 4, 210 / FW I, 455) – müssen als stillschweigende Schelling-Kritik verstanden werden.[43]

Seit den *Ideen zu einer Philosophie der Natur* von 1797 produzierte Schelling dann in vielen, einander schnell folgenden Publikationen seine Naturphilosophie. Da auch Fichte eine solche für möglich (und damit erforderlich) hielt, hätte das nicht unbedingt zum Konflikt führen müssen. Ein Problem war aber die Stellung der Naturphilosophie zur Transzendentalphilosophie. Für Fichte läßt sich das Wechselverhältnis von Natur und freiem Ich nur von dem letzteren aus begreifen (vgl. oben S. 83). Transzendentalphilosophie und Naturphilosophie können also nicht gleichgeordnet nebeneinander stehen; die erstere ist das notwendige Fundament. Bei Schelling mehren sich aber im Laufe der Entwicklung die Äußerungen, die eine unabhängige Naturphilosophie neben die Transzendentalphilosophie stellen möchten. In der *Einleitung zu dem Entwurf eines Systems der Naturphilosophie* von 1799 wird z. B. betont, daß die Naturphilosophie kein Teil der Transzendentalphilosophie sei, sondern eine eigene, von jeder anderen ganz verschiedene und unabhängige Wissenschaft bilde (Schelling, Werke III, 280). Das konnte Fichte nicht akzeptieren.

1800 erschien nun von Schelling das *System des transzendentalen Idealismus*. In § 1 erörtert Schelling das Verhältnis von Transzendentalphilosophie und Naturphilosophie. Ausgehend davon, daß Wahrheit eine Übereinstimmung des Subjektiven mit dem Objektiven sei, kommt er dazu, daß diese Übereinstimmung ganz gleichberechtigt von beiden Seiten aus entwickelt werden könne; dies führe zu zwei gleichberechtigt nebeneinander stehenden Disziplinen, eben Transzendentalphilosophie und Naturphilosophie.

Dagegen wendet sich Fichte in seinem Brief an Schelling vom 15. November 1800 (GA III, 4, 359–361; ebenfalls: Fichte – Schelling, Briefwechsel, hg. v. W. Schulz, Frankfurt 1968, 103–106). Er weist auf die Äußerlichkeit des Schellingschen Verfahrens hin (mit Recht) und betont seine Auffassung, daß der Realitätsbezug von Vorstellungen allein aus dem Ich erklärt werden müsse. Die Natur sei etwas Gefundenes, – aber gefunden nach den Gesetzen der Intelligenz. Dennoch bleibt eine Naturphilosophie für Fichte möglich. Schelling antwortet mit einem langen Brief vom 19. November 1800 (ebd. 362–369 / Schulz 107–113). Er distanziert sich selbst von seiner Behandlung der Frage in § 1 des *Systems des transzendentalen Idealismus*, knüpft an Fichtes Zugeständnis der Möglichkeit einer Naturphilosophie an, äußert sich über das Verhältnis der Disziplinen aber sehr unklar. Da die Naturphilosophie der Transzendentalphilosophie weder nebengeordnet noch untergeordnet werden kann, bemüht sich Schelling um einen beides vereinigenden Mittelweg; dabei hatte er allerdings nur wenig Erfolg.

Fichtes Antwortbrief ist vom 27. Dezember 1800. Neben ihm gibt es zwei kleinere Texte, in denen seine Beschäftigung mit Schelling ihren Niederschlag findet: *Sätze zur Erläuterung des Wesens der Tiere* (GA II, 5, 417–430 / FW XI, 362–367) und *Bemerkungen bei der Lektüre von Schellings transzendentalem Idealismus* (GA II, 5, 403–415 / FW XI, 368–370). Man sieht daran, wie sehr Fichte von Schellings Programm beeindruckt war; er versucht hier selbst eine Naturphilosophie in Kurzfassung. Aber am absoluten Primat des Ich wird eisern festgehalten: „Die Intelligenz dagegen ist eine sich selbst, durch sich selbst ergreifende und hemmende Kraft: dies ist der wahre Gegensatz zur Natur, das in sich absolut Zurückkehrende, das Selbst, die nicht aus dem absolut Entgegengesetzten, objektiv Einfachen durch bloße Steigerung (Sublimierung) desselben hergeleitet werden kann, sondern die ihr eigener Anfang und Voraussetzung ist, sonach das Erste, Absolute; ... Dies also packt ihn (d.h. Schelling, P. R.) sicher und entscheidend. Dies dürfte er aus der Natur nimmermehr herausbringen; nimmermehr ein Ich." (ebd. 415/370) Fichtes Ansatz bleibt von demjenigen Schellings durch drei grundlegende Sätze unterschieden: Es gibt eine intellektuelle Anschauung nur des freien Handelns, nicht der Natur; es gibt in den Empfindungen etwas unableitbar Faktisches, Empirisches, eine „Hemmung der ursprünglichen Tätigkeit"; die Natur bleibt etwas essentiell anderes als das Ich, Schellings Postulat einer Strukturgleichheit ist unbegründet.

Für Schelling war klar geworden, daß die Nebeneinanderstellung von Transzendentalphilosophie und Naturphilosophie keine akzeptable Lösung war. Er mußte deswegen nach einem anderen Fundament Ausschau halten. Außerdem war im Januar 1801 Hegel nach Jena gekommen, der – nicht zuletzt unter dem Einfluß Hölderlins – recht kritisch gegen Fichte eingestellt war und Schelling in seiner Loslösung von Fichte ziemlich bestärkt haben dürfte. Im Mai 1801 erschien von Schelling die *Darstellung meines Systems der Philosophie*, die erste Fassung der Identitätsphilosophie.

Mit dieser Schrift beginnt der nach-fichtesche absolute Idealismus. Schelling bezeichnet sein System als „absolutes Identitätssystem", das sich vom „Standpunkt der Reflexion" völlig entferne, weil diese (die Reflexion) nur von Gegensätzen ausgeht und auf Gegensätzen beruht. Das „Überwinden" von Dualismen hat sich nun von Sachproblemen – mit denen es bei Fichte immer verbunden war – vollständig gelöst und ist autonom geworden. Die Philosophie des Absoluten ist im wesentlichen ein verabsolutiertes Überwinden von Gegensätzen – die „völlige Entfernung" vom Standpunkt der Reflexion. Die Existenz dieses Absoluten ist durch das Verfahren selbst garantiert: Wenn man alle Gegensätze entfernt, bleibt die „absolute Identität" übrig. Den Umstand, daß Identität und Gegensatz selbst Gegensätze sind, glaubt Schelling leicht berücksichtigen zu können. Es erstaunt auf den ersten Blick, mit welcher Unbekümmertheit er und auch Hegel vom „Absoluten" reden – ohne die geringsten intellektuellen Skrupel, ob sie dabei über etwas reden. Für Kant waren ja noch Gottesbeweise ein theoretisch unlösbares metaphysisches Problem gewesen. Nun reduziert sich alles auf den Satz, daß das Aufheben von Beschränkungen bedingt ist durch die vorausgesetzte Unbeschränktheit (so drückt Hegel sich aus).[44] Das Absolute ist nichts als das verabsolutierte Aufheben von Beschränkungen; dieses Verfahren vorausgesetzt, versteht es sich in der Tat von selbst.

Fichte wird – schon in der Vorerinnerung zu Schellings Schrift – vorgehalten, daß er noch auf dem „Standpunkt der Reflexion" stehe. Der Satz, daß im Ich alles aus ihm selbst zu erklären sei, ergibt sich ja für Fichte nicht daraus, daß Gegensätze aufzuheben sind, sondern aus inhaltlichen Gründen (wie der Unmöglichkeit affizierender Dinge an sich). Selbst der Gegensatz von Ich und Nicht-Ich hat für Fichte nur Sinn relativ zu dem engegensetzenden Ich. Das ist für ihn nicht deshalb so, weil Gegensätze aufzuheben sind, sondern weil für ein Ich, das nicht affiziert werden kann, ein absolutes Außen keinen Sinn macht.

Fichte war nun in einer schwierigen Position. Erstens, die religiösen Motive, die hinter der Philosophie des Absoluten standen, mußte er akzeptieren, hatte er doch energisch gegen den Vorwurf protestiert, die Wissenschaftslehre sei atheistisch.

Wenn aber schon Gott – warum dann nicht mit ihm anfangen? Zweitens, das Prinzip, im Ich alles aus ihm selbst zu erklären, macht nur Sinn, wenn dieses Ich nicht als „absolute Indifferenz" im Schellingschen Sinn genommen wird. Aber zugestehen, daß sein oberstes Prinzip etwas Einseitiges sei, konnte er ebenfalls schlecht. Dazu war die antidualistische Stoßrichtung zu sehr in dem eigenen Ansatz verankert. Drittens, beide Schwierigkeiten potenzieren sich, wenn sie kombiniert werden. Schon das dritte Buch der *Bestimmung des Menschen* zeigt, daß sich absolutes Ich und Gott nicht ohne weiteres vereinigen lassen.

Seine direkte Kritik an Schellings Schrift formulierte Fichte in einem Text *Zur Darstellung von Schellings Identitätssysteme* (GA II, 5, 475–508 / FW XI, 371–389), der großenteils in die Schrift von 1806 *Bericht über den Begriff der Wissenschaftslehre und die bisherigen Schicksale derselben* (FW VIII, 361–407) eingegangen ist. Fichte kritisiert die sehr äußerlichen und unzulänglichen Beweise, die Schelling zu geben sucht, die freilich mit dem, was dieser eigentlich will, wenig zu tun haben. Vor allem aber bemängelt Fichte, daß Schelling die vielen Prädikate, die er dem Absoluten zulegt oder ihm abspricht, ganz ohne Rechtfertigung und Deduktion von außen her aufnimmt. In diesen formellen Dingen ist Schelling in der Tat von äußerster Großzügigkeit.

In dem wichtigen Brief an Schelling vom 31. Mai 1801 (abgesandt erst im August) (GA III, 5, 43–53 / Schulz 124–132) deutet er diese Kritik nur eben an, entwickelt dann aber die eigene Konzeption: das Wechselverhältnis von Individuum und „Geisterwelt" (überindividueller Vernunft), die in jedem „Akt der Evidenz" vereinigt sein müssen. „Wir haben gar kein bestimmtes (individuelles) Bewußtsein, ohne das bestimmbare (universelle der endlichen Vernunft) zu haben, und umgekehrt. Dieses Gesetz ist eben Grundgesetz der Endlichkeit, und dieser Wechselpunkt ist ihr Standpunkt. Unser keiner denkt ihm selber, noch wähnt er, ihm selber zu denken, so gewiß er – denkt." (ebd. 47/128) Das Denken enthält notwendig, sofern es Denken ist, die überindividuelle Komponente. Deswegen denkt keiner

„ihm selber"; Denken ist nichts Privates. Die überindividuelle Geisterwelt ist „Realgrund" der Individuen – an ihr liegt es, daß es Individuen geben kann –; das Individuum ist „Idealgrund" der Geisterwelt – von Individuen geht das Erkennen aus. Beide Momente aber werden nun noch auf Gott bezogen, „den unbegreiflichen Realgrund der Getrenntheit der einzelnen und ideales Band aller". „Will man das, was auch diesem Blicke noch undurchdringbar bleibt, Sein nennen, und zwar das absolute, so ist Gott das reine Sein; aber dieses Sein ist an sich nicht etwa Compression, sondern es ist durchaus Agilität, reine Durchsichtigkeit, Licht, nicht das Licht zurückwerfender Körper. . . . Jedes Individuum ist ein rationales Quadrat einer irrationalen Wurzel, die in der gesamten Geisterwelt liegt; und die gesamte Geisterwelt ist wiederum rationales Quadrat der – für sie, und ihr universelles Bewußtsein, welches jeder hat, und haben kann – irrationalen Wurzel = dem immanenten Lichte oder Gott." (ebd. 48 f./129 f.)

Die Wissenschaftslehre hatte das Grundproblem, das Verhältnis des individuellen Ich zu der überindividuellen Vernunft (der „Geisterwelt") zu klären. Als dritter einzugliedernder Kandidat war nun noch Gott hinzugekommen. Fichte sucht nach einer Synthese; vor allem aber sucht er, von dem Akt der allgemeingültigen Evidenz her verständlich zu machen, daß alle drei Instanzen anzunehmen und deshalb zu vereinigen sind. Für Fichte ergibt sich also Gott nicht – wie für Schelling und Hegel – daraus, daß alles Beschränkte ein Unbeschränktes voraussetzt, sondern daraus, daß allgemeingültige Evidenz ein Zusammen von individuellem Denken und einziger Vernunft voraussetzt, welches Zusammen wieder nur denkbar ist durch jene „höchste Synthesis", das ideale Band aller, das zugleich der unbegreifliche Realgrund der Getrenntheit der Einzelnen ist. Den üblichen, oft wiederholten Vorwurf der „Einseitigkeit" hält Fichte angesichts dieses Modells für gegenstandslos.

Schellings Antwort auf diesen Brief vom 3. Oktober 1801 (ebd. 80–90/132–142) steht deutlich unter dem Einfluß von Hegel und dessen inzwischen erschienener Schrift *Differenz des Fichteschen und Schellingschen Systems der Philosophie*. In den früheren Briefen zielte Schelling noch auf Einigung mit Fichte; dieser ist ein Trennungsbrief und teilweise in gereiztem, scharfem Ton gehalten. Er insistiert darauf, daß das Absolute gleich als erstes genommen werden müsse, nicht als „letzte Synthesis" (wie es sich bei Fichtes Vorgehen ergibt). Wenn man schon aus dem individuellen Ich herausgehe zu einem unbegreiflichen Realgrund, der außerhalb sei, dann gelte „jenes ganze Zurückweisen an die Subjektivität nur vorläufig, bis das wahre Prinzip gefunden sei"; die Wissenschaftslehre werde zur Propädeutik der eigentlichen Philosophie des Absoluten. „Die Notwendigkeit, vom Sehen auszugehen, bannt Sie mit Ihrer Philosophie in eine durch und durch bedingte Reihe, in der vom Absoluten nichts mehr anzutreffen ist." (ebd. 82/135) Dem Verfahren, Gott als etwas aufzuweisen, das in allgemeingültiger Evidenz vorausgesetzt wird, wird jede Berechtigung abgesprochen. Für Schelling ist das Absolute fraglos gegeben. Letzten Endes sieht er es unmittelbar in dem verabsolutierten Aufheben von Gegensätzen enthalten, während Fichte nach einem Weg sucht, der von diesem formellen Verfahren unabhängig ist und inhaltlich an die Besonderheit von Subjektivität anknüpft.

Daß Schelling seine Kritik mit einigen ironischen Bemerkungen über den Wandel in Fichtes religiösen Auffassungen seit dem Atheismusstreit garniert, mußte diesen wohl besonders kränken. Es wurden noch einige unwesentliche Briefe gewechselt – der letzte ist einer von Schelling vom 25. Januar 1802 (ebd. 115–117/154–156). Eine produktive Zusammenarbeit aber war unmöglich geworden, der Bruch war unvermeidlich. Stattdessen begann das gemeinsame Wirken Schellings und Hegels. Auch im öffentlichen Bewußtsein war Fichte als der führende Philosoph durch Schelling abgelöst worden.

Um die Gedanken, die diese philosophiegeschichtlich entscheidende Wendung bewirkt haben, noch deutlicher hervortreten zu lassen, sei noch ein Blick geworfen auf die Fichte-Kritik Hegels, obwohl Fichte auf sie gar nicht explizit reagiert hat. Charakteristisch ist z.B., was Hegel in der schon genannten *Differenzschrift* gegen Fichtes theoretische Philosophie vorbringt. Er kritisiert dort u.a. den „Anstoß", den Fichte als realistisches Moment beibehält (vgl. oben S. 57). Dadurch bleibe eine bedingte Seite des theoretischen Vermögens übrig, eine Entgegensetzung, aus der es nicht herauskommen könne. „In diesem Wechselverhältnis bleibt ihre absolute Entgegensetzung; die Identität, welche stattfinden kann, ist eine höchst unvollständige und oberflächliche." (a. a. O. 65)

Fichte hatte den Gedanken des Dings an sich aus verschiedenen Gründen kritisiert. Zunächst gab es den Vorwurf Jacobis, die Annahme affizierender Dinge an sich widerspreche der Kantischen Theorie von Kausalität; er wurde dahin radikalisiert, daß die Annahme einer kausalen Einwirkung materieller Dinge auf das Ich schlechterdings sinnlos sei; schließlich hat eine Rolle gespielt, daß Dinge an sich, die keine raumzeitliche Extension (und auch kein Analogon derselben) haben, ohnehin überflüssig sind. An Fragen dieser Art ist Hegel gar nicht interessiert; er will nur wissen, ob da Gegensätze fixiert und „absolut" bleiben oder nicht, ob die Identitäten, die stattfinden, vollständig sind oder nicht. Die Überwindung von Dualismen war auch für Fichte wichtig; sie blieb aber bei ihm eingebunden in unabhängig formulierbare Sachprobleme. Die Entgegensetzung von Form und Materie war aufzugeben, weil sich beide gar nicht sauber unterscheiden lassen, und weil man sich unter einem Zusammenkommen einer formlosen Materie mit einer bereitliegenden Form nichts denken kann. Bei Hegel emanzipiert sich das Überwinden von Gegensätzen von allen unabhängigen Sachproblemen und wird zum einzigen Sachproblem überhaupt. Dies ergibt das absolut gesetzte Überwinden von Beschränkungen, über das schon gesprochen wurde.

Ähnlich geht es in Hegels Kritik von Fichtes praktischer Philosophie zu. Hegel wendet sich gegen das Fichtesche Sollen. Freilich nicht als Immoralist – er will nicht sagen, daß es keine verbindlichen Pflichten gebe; ebensowenig kritisiert er Fichtes Deduktion des kategorischen Imperativs. Dies alles interessiert ihn wiederum gar nicht. Statt dessen: „Das Sollen drückt diese bestehende Entgegensetzung, das Nicht-Sein der absoluten Identität aus." (ebd. 69) Das Sollen ist eine schlechte Synthese – das ist Hegels hauptsächliche Kritik.

Noch an vielen Stellen sucht Hegel nachzuweisen, daß bei Fichte die Entgegensetzung „absolut fixiert bleibe". Gegen Rechtsphilosophie und Sittenlehre heißt es z. B. zusammenfassend: „In solchen Systemen der Sittenlehre und des Naturrechts ist bei der fixen, absoluten Polarität der Freiheit und Notwendigkeit an keine Synthese und an keinen Indifferenzpunkt zu denken ... Die Entgegensetzung bleibt auch in der Beschönigung des unendlichen Progresses absolut fixiert ..." (ebd. 90).

Das in dieser Kritik sich aussprechende philosophische Programm hat Hegel auch in abstracto formuliert. Es besteht im Grunde in zwei Forderungen. Die eine ist die religiöse. In einem anderen Text – dem Aufsatz gegen Traugott Krug – wird sie wie folgt ausgesprochen: Im jetzigen Augenblicke sei zunächst Interesse der Philosophie, „einmal wieder Gott absolut vornehin an die Spitze der Philosophie als den alleinigen Grund von allem, als das einzige principium essendi und cognoscendi zu stellen, nachdem man ihn lange genug neben andere Endlichkeiten oder ganz ans Ende als ein Postulat, das von einer absoluten Endlichkeit ausgeht, gestellt hat" (ebd. 195).

Dieser Forderung hätten vermutlich viele von den Gläubigen, die sich im Atheismusstreit über Fichte empört hatten, freudig zugestimmt. Daß Hegel dennoch nicht auf ihrer Seite steht, ergibt sich aus der zweiten Forderung: „Solche festgewordenen Gegensätze (wie die zwischen den Menschen und dem Absoluten oder dem Endlichen und dem Unendlichen, P. R.) aufzuheben, ist das einzige Interesse der Vernunft." (ebd. 21) Hegel spricht ähnlich auch von dem „philosophischen Prinzip, die Entzweiung aufzuheben" (ebd. 34), oder von der „Aufgabe der Philosophie", dies zu tun (ebd. 96). Für die orthodoxen Theisten sollte Gott „von der Welt verschieden" sein. Diese Verschiedenheit aber wäre ebenfalls ein „fixierter Gegensatz", eine „Entzweiung", die aufzuheben ist. Für die Theisten ist Hegel deswegen ein recht bedenklicher Bündnispartner: er will etwas anderes als sie. Die Existenz dieses Absoluten ist durch das Verfahren selbst sichergestellt. Wie Hegel es ausdrückt: „Die eine (Voraussetzung der Philosophie, P. R.) ist das Absolute selbst; es ist das Ziel, das gesucht wird; es ist schon vorhanden –

wie könnte es sonst gesucht werden? Die Vernunft produziert es nur, indem sie das Bewußtsein von den Beschränkungen befreit; dies Aufheben der Beschränkungen ist bedingt durch die vorausgesetzte Unbeschränktheit." (ebd. 24)

Auch Fichte sucht einen Weg zum Absoluten, aber einen anderen. Den von Schelling und Hegel lehnt er – wie mir scheint, mit guten Gründen – ab. Daß keine Entgegensetzungen fixiert bleiben und die stattfindenden Identitäten möglichst vollständig sind, macht kein Absolutes aus. Er möchte dem theistischen Gedanken dadurch Sinn geben, daß Gott als absolutes Band gedacht wird, durch das dasjenige Zusammenwirken von individueller Subjektivität und überindividueller Vernunft (oder „Geisterwelt") möglich wird, das als allgemeingültige Evidenz in Erscheinung tritt. Fichtes späte Fassungen der Wissenschaftslehre versuchen in erster Linie, in dieser Dreiheit „Individuum, Geisterwelt, Gott" eine sinnvolle Ordnung zu erkennen. Wir werden allerdings sehen, daß die Gedanken der Opponenten dabei zusehends an Einfluß gewinnen: Das absolut gesetzte Überwinden von Gegensätzen wird schließlich auch für Fichte zum Wesen des Absoluten.

12. Die späte Wissenschaftslehre

Fichte hat sich zeit seines Lebens um eine Darstellung der Wissenschaftslehre bemüht, in der seine Konzeption, von deren Wahrheit er überzeugt war, in einem für jedermann einsichtigen, in Evidenz nachvollziehbaren methodischen Gang entwickelt werden sollte. Daß die publizierte Fassung von 1794/95 ihm dafür nicht genügte, wurde schon gesagt; ebenfalls, daß die Neudarstellung von 1797/98 nicht über den Beginn hinausgelangt ist. Nach dem Verlust der Jenaer Professur hat er dann die Wissenschaftslehre wiederholt in Vorlesungszyklen vorgetragen, – zunächst mehrfach in Berlin vor interessierten Privatleuten, im Sommer 1805 in Erlangen, dann in Königsberg und später wieder in Berlin. Für jeden derartigen Vortrag hat Fichte ein neues Manuskript angefertigt, offenbar ohne die vorhandenen dabei überhaupt einzusehen. Da sich diese verschiedenen Fassungen größtenteils erhalten haben – einige hat bereits Fichtes Sohn ediert –, besitzen wir die Grunddisziplin von Fichtes Philosophie in etwa 15 verschiedenen Versionen.[45]

Bei diesen vielen Fassungen ein und derselben Theorie handelt es sich nun keineswegs um bloß unwesentlich modifizierte Paraphrasen. Sie sind voneinander in erstaunlichem Ausmaße unabhängig; selbst die Terminologie ändert sich wiederholt, und auch der jeweilige Gedankengang im ganzen ist keineswegs offenkundig als derselbe zu erkennen.[46]

Dies ist ein in der Geschichte der Philosophie, soweit ich sehe, einzigartiges Phänomen, in dem sich eine Platon nahe Kritik an der Schriftlichkeit ausspricht (man vgl. auch die Kritik an der Schriftlichkeit in den *Grundzügen des gegenwärtigen Zeitalters*, FW VII, 90). Es ist, als ob Fichte klarmachen wollte, daß eine Philosophie ohnehin niemals mit einem niedergelegten Text identifiziert werden kann. Kein Wunder also, daß Fichte bei der Publikation einer neuen Fassung so sehr gezaudert hat, daß es dazu vor seinem Tode gar nicht mehr gekommen ist (von der kleinen Schrift von 1810 abgesehen). Zunächst hat er noch verschiedentlich in öffentlichen Erklärungen das neue Buch angekündigt (vgl. z. B. GA I, 7, 143–164); später war davon kaum mehr die Rede, hat er sich immer mehr auf die bloß mündliche Mitteilung beschränkt. Fichte äußert sogar die Ansicht, die „wahrhaft als Wissenschaft auch der Form nach vorhandene Philosophie" könne seinem Zeitalter überhaupt nicht durch Druckschriften mitgeteilt werden (vgl. den Brief an von Moshamm vom 18. Juni 1804, GA III, 5, 238 ff.). Wenn diese Philosophie nicht ganz verlorengehen solle, müßten erst philosophische Schulen errichtet werden, in denen auf ihren Empfang vorbereitet werde. Seine Berliner Vorlesungen sieht er als ersten Versuch, eine philosophische Schule in diesem Sinne zu errichten.

In diesen sich wiederholenden Vorlesungen vor einem ganz verschiedenartigen Publikum möchte er nun jede formelhafte Festlegung auf eine bestimmte Terminologie und einen fixierten Gedankengang vermeiden, als seien Worte nur ein äußerlicher Notbehelf für den Gedanken und als komme es darauf an, sich von diesen Einkleidungen dadurch unabhängig zu machen, daß man sie gehörig variiert. Wie Fichte selbst einmal sagt: „Ich will es in der absoluten Unabhängigkeit von allen Ausdrücken und aller Form besitzen; stets vermögend, es aus dem einen Leben in jeder beliebigen Form zu erschaffen."[47] Bloße Worte kann man äußerlich aufnehmen, den Gedanken als solchen nicht. Die souveräne Verfügung über den Ausdruck soll die Äußerlichkeit nach Möglichkeit fernhalten. Es versteht sich, daß der mündliche Vortrag dazu besser geeignet ist. Wir besitzen Äußerungen von Hörern Fichtes aus diesen Vorlesungen, die voller Bewunderung den großen Eindruck bekunden, den diese Vorträge machten, die von der Gewalt berichten, mit der Fichte seine Hörer mitzureißen verstand (vgl. z. B. die Zeugnisse GA II, 7, 297 f.).

Am berühmtesten von allen diesen späteren Wissenschaftslehren ist die zweite Vorlesung von 1804 geworden, die von Fichtes Sohn zuerst 1834 herausgegeben wurde. Wer an diese

Fassung vom Studium der *Wissenschaftslehre nova methodo* aus herantritt, wird nicht wenig überrascht und erstaunt sein. Er wird fast glauben, gar nicht mehr dieselbe Theorie vor sich zu haben. Am auffälligsten zeigt sich wohl der Unterschied, wenn man die Exposition der Fragestellung aus der *Ersten Einleitung* von 1797 (vgl. oben S. 65 ff.) vergleicht mit derjenigen zu Beginn dieser Vorlesungen.

Die Aufgabe der Philosophie ist nun nicht mehr, den Grund aller mit dem Gefühl der Notwendigkeit begleiteten Vorstellungen anzugeben; nun soll Philosophie stattdessen „alles Mannigfaltige – was nur zu unterscheiden ist, seinen Gegensatz, und Pendant hat, schlechthin ohne Ausnahme" auf „absolute Einheit zurückführen". „Wo noch irgend die Möglichkeit einer Unterscheidung deutlich oder stillschweigend eintritt, ist die Aufgabe nicht gelöst. Wer in oder an dem, was ein philosophisches System als sein Höchstes setzt, irgend eine Distinktion als möglich nachweisen kann, der hat dieses System widerlegt." (GA II, 8, 8 / FW X, 93)

Fichte hat also nun die Fragestellung und Denkweise seiner Opponenten doch weitgehend übernommen; das absolut gesetzte Überwinden von Gegensätzen hat auch in seine Philosophie Einzug gehalten. Dies ist allerdings nicht unvorbereitet geschehen. Wir haben gesehen, daß die Überzeugung, eine Philosophie müsse überhaupt etwas als ihr „Höchstes" setzen, von Reinhold her feststand; und ebenfalls, daß die Kategorien „Identität" und „Differenz" schon 1793 in den *Eignen Meditationen* gegenüber den Kantischen Urteilsformen in den Vordergrund treten (vgl. oben S. 38 f.); die antidualistische Stoßrichtung von Fichtes Reaktion auf die Kantische Philosophie wurde wiederholt hervorgehoben. Aber wenn etwa Fichte in der *Einleitung* von 1797 den „Dogmatismus" widerlegen will, dann geschieht das nicht dadurch, daß er in dem, was dieser als Höchstes setzt, eine Distinktion als möglich nachweist, sondern durch von diesem Schematismus unabhängige Argumente. Daß man ein philosophisches System so wie nun angenommen widerlegen kann, ist neu für Fichte; es ist eine trotz der Vorgaben im wesentlichen von außen induzierte Neuigkeit, und es ist –

was das wichtigste ist – eine für den philosophischen Gehalt der Wissenschaftslehre nicht eben segensreiche Änderung. Man kann mit guten Gründen zweifeln, daß die Fragestellung, wie sie nun expliziert wird, überhaupt irgendeinen Sinn hat.

Was heißt überhaupt, an etwas die Möglichkeit einer Distinktion nachzuweisen? Geht es darum, daß dem Betreffenden nicht zwei Prädikate von verschiedener Bedeutung zukommen dürfen oder daß in ihm nicht zwei Bestandteile zu unterscheiden sein dürfen? In der Wissenschaftslehre von 1801/02 heißt es: „Jedes zu dem Ausdrucke ‚das Absolute‘ gesetzte zweite Wort hebt die Absolutheit schlechthin als solche auf und läßt sie nur noch in der durch das hinzugesetzte Wort bezeichneten Rücksicht und Relation stehen." (GA II, 6, 143 / FW II, 12 f.) Es sieht also so aus, als sollte das Absolute etwas sein, auf das kein zweites Prädikat zutreffen kann. Wo es aber sinnlos ist, ein zweites Wort hinzuzusetzen, ist schon das erste Wort sinnlos. Dies hatte schon Platon in seinem Dialog *Parmenides* dargelegt. Doch das von Platon kritisch Gemeinte wurde im Neuplatonismus als tiefsinnige Theologie gedeutet. Nun kommt diese Art von Theologie erneut auf die Tagesordnung[48] und trifft dabei auf Fichtes ganz anders begründete Auffassung, daß im Ich alles aus ihm selbst zu erklären sei. Aus dieser seltsamen Gemengelage entsteht nun eine neue Wissenschaftslehre. Der Vergleich der Arten, wie die Fragestellungen 1797 und 1804 entwickelt werden, zeigt, daß die neuen Motive die alten weitgehend verdrängen. Fichte will beweisen, daß seine idealistische Theorie mit einer theistischen Position nicht nur überhaupt verträglich ist, sondern eine solche sogar erzwingt. Spezielle Gottesbeweise in der von Kant erledigten Art kennt sie jedoch nicht. Läßt man das absolut gesetzte Überwinden von Gegensätzen als bloßes Scheinargument für die theistische Position beiseite, bleibt nur, in der Theorie als ganzer etwas wie ein philosophisches Argumentieren dafür zu sehen.[49]

Fichte teilt selbst seine Theorie in zwei „Hauptteile", in die „Vernunft- und Wahrheitslehre" sowie die „zwar wahre, und auf Wahrheit gegründete Erscheinungs- und Scheinlehre" (GA II, 8, 228 / FW X, 205). Die erstere besteht seinen Worten zufolge letztlich in einem einzigen Satz, einem „Grundsatz"; er lautet: „Das Sein ist durchaus ein in sich geschlossenes Singulum unmittelbaren lebendigen Seins, das nie aus sich heraus kann." (ebd. 242/212) Dies einige Sein kann nicht außer ihm selber sein, und es kann außer ihm gar nichts sein (ebd. 230/206). Diese Wahrheit liegt jenseits des Bewußtseins: „Aber der Grund der Wahrheit als Wahrheit liegt doch wohl nicht in dem Bewußtsein, sondern durchaus in der Wahrheit selber; von der Wahrheit mußt du also immer das Bewußtsein abziehen, als derselben durchaus nichts verschlagend. Es bleibt dieses nur die äußere Erscheinung der Wahrheit, aus der du wohl nicht herauskommen magst, und worüber dir auch der Grund angegeben werden soll." (ebd. 204/195) Dies schlechthin in sich geschlossene Sein, das Wahre, ist mit dem Licht eines (ebd. 300/245). In diesem Lichte als absoluter Einheit soll ein Grund des Mannigfaltigen, das im gewöhnlichen Bewußtsein vorkommt, angegeben werden. Dazu muß zunächst aus dem Lichte eine „Erscheinung des Lichtes" abgeleitet werden (ebd. 300/246). Dies führt zu einer „absoluten Disjunktion" (ebd. 330/263); die elementare Disjunktion ist „Disjunktion in Einem, das bei aller Disjunktion Eines bleibt" (ebd. 322/258). Wie in der früheren Wissenschaftslehre haben die Entgegensetzungen stets nur relative Bedeutung (vgl. oben S. 71). Dies wird nun so gewendet, daß die Disjunktionen sich überkreuzen müssen: „Was aber die absolute Disjunktion anbelangt, so ersuche ich Sie, sich eines sehr bald nach dem Anfange unserer gegenwärtigen Vorträge gepflogenen Räsonnements zu erinnern, in welchem sich zeigte, daß die Disjunktion, falls sie recht in absoluter Einheit gefaßt werden sollte, wie dies von der vollendeten Form einer Wissenschaftslehre unerläßlich gefordert wird, und hier unsere Absicht ist, nicht gefaßt werden müsse als bloß einfache Disjunktion, sondern als Disjunktion zweier verschiedener Disjunktionsfundamente, nicht bloße Einteilung, sondern sich durchkreuzende Einteilung einer vorausgesetzten Einteilung, die wiederum sich selber voraussetzt." (ebd. 330/263) Das absolut gesetzte „Überwinden" von Differenzen ist – wie auch bei Schelling und Hegel – gepaart mit einem Prozeß der Genese von Differenzen aus dem Absoluten. Der Ausschluß von Einseitigkeiten in diesem Prozeß sowie die Sicherung der grundlegenden Einheit in den entstehenden Differenzierungen soll auf diesem Wege der „sich durchkreuzenden Einteilung" gewährleistet werden.

Soweit scheint das alles mit der früheren Wissenschaftslehre kaum etwas zu tun zu haben. Ein Zusammenhang mit ihr ergibt sich am ehesten dort, wo diese Theologie „Wissenschaftslehre" wird und das Wissen zu deuten unternimmt. Fichte will das Wissen nunmehr als eine Erscheinung dieses Absoluten fassen und zeigen, daß das Absolute sogar nur in einem Wissen erscheinen kann, das sich als notwendige Äußerung des Absoluten versteht. „Das Wissen aber ist in Wahrheit diese Darstellung des Absoluten – und es versteht sie durch das Sich-Unterscheiden von diesem als seinem Grund und das Sich-Begreifen als Bild des Absoluten." (Siep, a. a. O. 62)

Der Verfasser muß bekennen, daß er in derartigen Erörterungen kaum etwas von dem wiederzufinden vermag, was die *Wissenschaftslehre nova methodo* oder die *Sittenlehre* von 1798 zu so hochrangigen philosophischen Werken macht. Nach seinem Verständnis hat Fichte viel zu sehr den Fragestellungen seiner Opponenten nachgegeben. Statt Schelling zu erwidern, daß es in der Philosophie um anderes zu tun sei als darum, Höhenrekorde zu erzielen im Aufstellen von Begriffen des Absoluten, hat er zu zeigen versucht, daß er den höheren habe. Welche Motive diesen Weg möglich gemacht haben, wurde dargelegt; es war dennoch ein unglücklicher Weg. In der prekären Situation nach dem Atheismusstreit hat Fichte auf die theologisch motivierte Kritik der Tübinger Stiftler nicht so unbefangen reagiert, wie er es andernfalls vielleicht getan hätte.

Die eigentümliche Verschlingung von Theologie und Theorie des Wissens zeigt auch die kleine Schrift von 1810 *Die Wissenschaftslehre in ihrem allgemeinen Umriß* (FW II, 693–709). Da sie – nach dem Buch von 1794/95 und dem Versuch von 1797 – die dritte von Fichte selbst veröffentlichte Fassung der Wissenschaftslehre ist, sei auch auf sie noch ein Blick geworfen.

Ihr Einsatzpunkt ist theologisch. Als sollte der oben S. 147 zitierten Forderung Hegels Genüge getan werden, beginnt sie unmittelbar mit Gott als dem schlechthin durch sich seienden Einen. Das Wissen wird bestimmt als „Gottes Sein außer seinem Sein", als Äußerung Gottes, die ein Bild oder Schema ist. Außer Gott kann nichts sein als dieses sein Schema (ebd. 696). Der Idealismus wird ein „Idealismus relativ zu Gott": außer Gott gibt es nichts als Wissen. Dieses Wissen ist wie Gott selbst ein „Sein schlechtweg"; es ist weiterhin der Grund der erscheinenden Mannigfaltigkeit. Seine Wirksamkeit qua Vermögen ist durch Gesetze bestimmt. Diese auch für die frühere Wissenschaftslehre grundlegende Annahme (vgl. oben S. 57 oder 68) wird nun damit erklärt, daß das Wissen eben Schema Gottes ist: „Da dieses Vermögen ein bestimmtes Sein ausdrückt, das Schema des göttlichen Lebens, so ist es freilich bestimmt, aber nur auf die Weise, wie ein absolutes Vermögen bestimmt sein kann, durch Gesetze, und zwar durch bedingte Gesetze." (ebd. 697) Alles weitere Sein ist Sein in diesem Wissen aufgrund dieser Gesetze. Die schon für die frühere Wissenschaftslehre konstitutive Funktion des Praktischen für das Theoretische wird nun dem theologischen Ansatz entsprechend gedeutet: Das Vermögen (die Freiheit) ist wiederum bestimmt durch ein „unbedingtes Soll": es soll sich sehen als das, was es ursprünglich ist, als Schema des göttlichen Lebens (ebd. 699). Daraus, daß dieses „Soll" sichtbar werden muß, ergibt sich ein Entwicklungsprozeß (§ 8) über mehrere Stufen, der im wesentlichen dem früher dargestellten entspricht. Zunächst werden (§ 9) die sinnlichen Momente des theoretischen und praktischen Weltverhaltens dargestellt – die Anschauungsformen Raum und Zeit, die raumerfüllende Qualität, der Trieb, die Differenzierung von leiblichem Organ und subjektivem Sinn. Wie früher die sinnliche Welt das versinnlichte Material unserer Pflicht war, so hat sie nun nur Bedeutung, insofern sie auf das „Soll" der Sichtbarkeit des göttlichen Lebens bezogen ist.

Zur Sphäre der Anschauung gehört auch, daß das einige Prinzip in eine „Welt von Ichen" zerfällt. In der unmittelbaren Selbstanschauung bleibt zwar jedes Ich in sich verschlossen und nur auf sich bezogen, im Denken aber findet es sich in einer Welt ihm gleicher Individuen, die es durch einen Schluß als frei erkennt (ebd. 704). Hier geht Fichte auch wieder auf das Problem ein, wieso die anschauliche Realität für die vielen Individuen übereinstimmt. Die Antwort rekurriert wie in der *Bestimmung des Menschen* (vgl. oben S. 130) darauf, daß „aus Gott nur ein Prinzip ausgeht" (ebd. 705). Die Theorie des Wissens ist also – ähnlich wie bei Leibniz und Berkeley, aber anders als bei Kant – auf ihr theistisches Fundament angewiesen. Und so endet denn diese Wissenschaftslehre auch mit dem Rat, uns „dem an uns sichtbar werden sollenden göttlichen Leben" hinzugeben (ebd. 709). Sie ist freilich nicht mehr zu vereinbaren mit der 1799 vertretenen Auffassung (vgl. oben S. 118), daß derjenige Gott nie erkannt habe, der einen auch nur im mindesten unabhängig von unserer moralischen Natur entworfenen Begriff von Gott haben wolle.

13. Kulturkritik, Nationalerziehung, Religion

In diesem Abschnitt sollen die drei größeren Schriften betrachtet werden, die Fichte nach 1801 noch publiziert hat: *Die Grundzüge des gegenwärtigen Zeitalters*, 1806 (FW VII, 1–256), *Die Anweisung zum seligen Leben*, 1806 (FW V, 397–580),[50] *Reden an die deutsche Nation*, 1808 (FW VII, 257–502).

Mit der ersten von ihnen erobert Fichte sich ein neues Gebiet: das der Kulturkritik. Er intendiert ein „philosophisches Gemälde des gegenwärtigen Zeitalters" (a. a. O. 4), das in eine umfassende Geschichtsphilosophie eingebettet sein soll. „Philosophisch aber kann nur diejenige Ansicht genannt werden, welche ein vorliegendes Mannigfaltiges der Erfahrung auf die Einheit des Einen gemeinschaftlichen Prinzips zurückführt, und wiederum aus dieser Einheit jedes Mannigfaltige erschöpfend erklärt und ableitet." (ebd.) Das im vorigen Abschnitt genannte eigentümliche Philosophie-Konzept leitet also auch diese Untersuchung. Fichte ist der Überzeugung, daß diese Aufgabe sich „ohne Rücksicht auf irgendeine Erfahrung und schlechthin a priori" lösen lasse.

Dem „Gemälde" der eigenen Zeit muß, soll es philosophisch sein, ein „Verstehen der gesamten Zeit" zugrundeliegen. Fichte unterstellt zu diesem Zweck einen „Weltplan, der in seiner Einheit sich klärlich begreifen, und aus welchem die Hauptepochen des menschlichen Erdenlebens sich vollständig ableiten, und in ihrem Ursprunge, sowie in ihrem Zusammenhange untereinander sich deutlich einsehen lassen" (ebd. 6). Analog zu der „pragmatischen Geschichte des menschlichen Geistes", die die Wissenschaftslehre geben will (vgl. oben S. 57), wird nun eine Entwicklungslogik der eigentlichen Geschichte entworfen (vgl. auch oben S. 108). „Grundstein des aufzuführenden Gebäudes" ist eine Aussage über den Sinn menschlicher Existenz: „Der Zweck des Erdenlebens der Menschheit ist der, daß sie in demselben alle ihre Verhältnisse mit Freiheit nach der Vernunft einrichte." (ebd. 7) Von dieser Zielbestimmung aus wird nun ein entwicklungslogisches Schema entwickelt, das den Weg zu diesem Ziel – und damit die gesamte vergangene und zukünftige Geschichte der Menschheit – in „fünf Grundepochen des Erdenlebens" einteilt (ebd. 11). Die Vernunft, die „das Grundgesetz des Lebens einer Menschheit" sei, wirke anfangs noch nicht in Freiheit und mit Einsicht der Gründe, sondern als Naturkraft und instinktiv. Der Weg der Menschheit besteht in dem Abbau dieser bloß als dunkel gefühlte Naturkraft wirkenden Vernunft und dem Aufbau ihrer bewußten Herrschaft durch Freiheit. Fichte meint, daß sich dieser Weg aus apriorischen Gründen in fünf Hauptetappen einteilen lasse. Die Eingliederung der eigenen Gegenwart kann dagegen nicht a priori erfolgen; hier beginnt das „Geschäft des Welt- und Menschenbeobachters" (ebd. 6). Das entwicklungslogische Schema lautet: 1. der Stand der Unschuld des Menschengeschlechts; 2. der Stand der anhebenden Sünde; 3. der Stand der vollendeten Sündhaftigkeit; 4. der Stand der anhebenden Rechtfertigung; 5. der Stand der vollendeten Rechtfertigung und Heiligung (ebd. 11).

Fichte ist nun der Überzeugung, seine eigene Zeit stehe genau in der Mitte dieses gesamten Erdenlebens der Menschheit, im Zeitalter der vollendeten Sünde. Dieses ist im wesentlichen dadurch gekennzeichnet, daß durch Aufklärung ein weitgehender Abbau der naturhaft wirkenden, instinktiven Vernunftherrschaft erfolgt ist, während der Aufbau der freien, auf Einsicht gestützten Vernunft (für Fichte nur durch die Wissenschaftslehre möglich) noch nicht recht in Gang gekommen ist. Die Maximen der Zeit heißen deswegen Befreiung – insbesondere von aller Autorität – und Geltenlassen allein dessen, was klar begriffen werden kann. Sie führen aber zunächst zu einer bloß „leeren Freiheit", zur Absolutsetzung der „bloßen nackten Individualität", zu einem Empirismus, der die Möglichkeit jeden Wissens von einer „höheren Welt" und ihren Ideen ableugnet, zu einer auf „das unmittelbar und materiell Nützliche" beschränkten egoistischen Praxis, zu einer Reduktion allen Lebens auf die sinnliche Existenz. Fichte betont, daß dies auf dem Wege der

Menschheit notwendige Fortschritte sind, die aber auf halbem Wege zu einer Existenz in völliger Unwahrheit führen, zum „Stand der vollendeten Sündhaftigkeit", als den Fichte die eigene Zeit sieht. Seine „Dialektik der Aufklärung" besteht darin, Gegensatz und Verbindung dieser vollendeten Sündhaftigkeit zur anhebenden freien Rechtfertigung, deren Epoche als nächste ins Haus steht, herauszustellen. Der Weg zur „Heiligung" führt notwendig durch dieses Extrem der Unheiligkeit und Unwahrheit. Befreiung und Rationalisierung sind die für die Zukunft unentbehrlichen Leistungen, die aber ihren Sinn erst erfahren, wenn sie zur „Herrschaft der Idee", zu eigentlichem Wissen im Sinne Fichtes führen.

Das Gegenmodell des „vernünftigen Lebens" entwickelt Fichte vor allem in der 3. und 4. Vorlesung (die Schrift geht auf Vorlesungen zurück, die Fichte im Winter 1804/05 in Berlin gehalten hat, und gliedert sich in 17 Vorlesungen). Das vernünftige Leben besteht darin, daß „die Person in der Gattung sich vergesse, ihr Leben an das Leben des Ganzen setze und es ihm aufopfere" (ebd. 35). Es gebe nur Eine Tugend – die, sich selber als Person zu vergessen, und nur Ein Laster – das, an sich selbst zu denken. Das Überindividuelle, um das es allein zu tun ist, wird auch als „Idee" bezeichnet: „Die obige Formel: sein Leben an die Gattung setzen, läßt daher sich auch also ausdrücken: sein Leben an die Ideen setzen; denn die Ideen gehen eben auf die Gattung als solche, und auf ihr Leben; und sonach besteht das vernunftmäßige und darum rechte, gute und wahrhafte Leben darin, daß man sich selbst in den Ideen vergesse, keinen Genuß suche noch kenne, als den in ihnen und in der Aufopferung alles anderen Lebensgenusses für sie." (ebd. 37) Fichte sucht nachzuweisen, daß alles Große und Gute, von dem die Menschheit lebt, davon abhänge, daß in der Vergangenheit edle und kräftige Menschen in dieser Tendenz gewirkt hätten und daß jedermann, auch der Egoist, einer solchen Tätigkeit gegenübergestellt, darauf mit dem sittlichen Gefühl der Achtung und Ehrfurcht reagiere. Der unendliche Selbstgenuß dieses Vernunftlebens aber sei bereits die eigentliche „Seligkeit" (ebd. 55).

Der weitere Inhalt der Schrift besteht in der Konkretisierung dieser philosophischen Gegenwartsanalyse für die Gebiete des wissenschaftlich-philosophischen Lebens (5. bis 8. Vorlesung), der gesellschaftlich-politischen Zustände (9. bis 14. Vorlesung), der allgemeinen und öffentlichen Sitte (15. Vorlesung) sowie des religiösen Charakters des Zeitalters (16. Vorlesung). Die abschließende 17. Vorlesung wirft die Frage auf, ob auch die Fichtesche Philosophie selbst ein Produkt dieser Zeit der vollendeten Sündhaftigkeit sei, und beantwortet sie verneinend. Schon in der Analyse des wissenschaftlichen Zustandes seiner Zeit stellt Fichte die Opposition seiner, der wahren Philosophie gegen das Zeitalter dar, dessen Sündhaftigkeit darin besteht, das Vernünftige, die Wissenschaftslehre nicht fassen zu können. Da das Wesen der Geschichte fortschreitende Rationalisierung ist, kann die innere Struktur einer Zeit vor allem in der Philosophie erkannt werden, die sie für wahr hält. Insbesondere gilt dies für die Zeit, für die Fichte schreibt, die in ihrem eigentlichen Dasein „Begriff des Begriffs" und wesentlich wissenschaftlich organisiert ist – freilich nur in der „leeren Form" der Wissenschaft (ebd. 71). Um daher dieses Zeitalter in seiner Wurzel zu fassen, müsse zuerst von dem wissenschaftlichen System desselben gesprochen werden. Fichte gibt ein sarkastisches Bild von dem alles beherrschenden Wissenschaftsbetrieb; das ganze Zeitalter habe sich „in ein stehendes Heerlager formaler Wissenschaft verwandelt" (ebd. 80), ohne daß die „wahre reale Wissenschaft" – es versteht sich, welche das ist – sich durchsetzen kann. Die 8. Vorlesung enthält eine lange Philippika gegen Schellings Naturphilosophie; sie wird als „Schwärmerei" und als „Reaktion des dritten Zeitalters gegen sich selbst" behandelt.[51] Die 9. Vorlesung bringt die eigentliche Geschichtsphilosophie; sie versteht die Geschichte aus der Mischung zweier „Ingredienzien" (ebd. 133, 172), einem ursprünglich der Vernunft teilhaftigen „Normalvolk" sowie „rohen erdgeborenen Wilden" – der Zustand der „absoluten Vernünftigkeit" muß schon am Anfang irgendwo vorhanden gewesen sein; Fichte streitet gegen die Möglichkeit einer Evolution der Vernunft aus dem Tierreich (ebd. 134) – und bemüht sich um die Aufteilung der Funktionen von Philosophie und Historie. Die Philosophie des Staates (10. und 11. Vorlesung) stellt vor allem die totale Inanspruchnahme der Individuen durch den Staat heraus und entwickelt eine Typologie von drei historischen Grundformen des Staates. Um den politischen Zustand der Gegenwart philosophisch zu verstehen, wird dann die historische Entwicklung des Staates in der Frühzeit (12. Vorlesung) und in der christlichen Zeit (13. und 14. Vorlesung) dargestellt.

Die Fortsetzung dieser philosophischen Auseinandersetzung mit der eigenen Zeit stellen die *Reden an die deutsche Nation* dar – eine von Fichtes wirkungsvollsten und berühmtesten Schriften. Sie geht zurück auf Vorträge, die Fichte im Winter 1807/08 im französisch besetzten Berlin gehalten hat.[52] Fichte knüpft sogleich an die früheren Vorlesungen an: „Wer es einmal unternommen hat, seine Zeit zu deuten, der muß mit seiner Deutung auch ihren Fortgang begleiten, falls sie einen solchen Fortgang gewinnt." (FW VII, 264). Diesen Fortgang sieht Fichte darin, daß mit der Niederlage Preußens der sinnlich-egoistische Abschnitt der Weltgeschichte „abgelaufen und beschlossen" sei und der Übergang zum vierten anstehe, in dem andere Antriebskräfte das Handeln bestimmen. Die Reden sollen „enthüllen das neue Zeitalter, das der Zerstörung des Reiches der Selbstsucht durch fremde Gewalt unmittelbar folgen kann und soll" (ebd. 265). Die darniederliegende deutsche Nation will Fichte nicht durch weitere Kritik geißeln, sondern durch das Ausmalen besserer Hoffnungen aufbauen.

Die Wendung in der Niederlage können aber nicht die bisher gebrauchten Mittel bringen; es bedarf der „Erschaffung einer ganz neuen Ordnung der Dinge" (ebd. 272). Sittliche Motive müssen an die Stelle der selbstsüchtigen treten; die Rücksicht auf die Angelegenheiten des umgebenden Ganzen müssen die auf das eigene Wohl verdrängen. „So ergibt sich denn also, daß das Rettungsmittel, dessen Anzeige ich versprochen, bestehe in der Bildung zu einem durchaus neuen, und bisher vielleicht als Ausnahme bei einzelnen, niemals aber als allgemeines und nationales Selbst, dagewesenen Selbst, und in der Erziehung der Nation, deren bisheriges Leben erloschen, und Zugabe eines fremden Lebens geworden, zu einem ganz neuen Leben ...; mit Einem Worte, eine gänzliche Veränderung des bisherigen Erziehungswesens ist es, was ich, als das einzige Mittel, die deutsche Nation im Dasein zu erhalten, in Vorschlag bringe." (ebd. 274)

Diese Idee der „Nationalerziehung" ist der eigentliche Inhalt der *Reden*. Fichte hatte sich 1807 mit Pestalozzis Ideen befaßt; aus Königsberg schreibt er am 3. Juni 1807 an seine Gattin: „Ich studiere jetzt das Erziehungs-System dieses Mannes, und finde darin das wahre Heilmittel für die kranke Menschheit; so wie auch das einige Mittel, dieselbe zum Verstehen der Wissenschaftslehre tauglich zu machen."[53] Die erstrebte „neue Ordnung der Dinge" muß bei der Erziehung beginnen; ohne eine neue Erziehung ist sogar die Wissenschaftslehre machtlos. Die Grundideen dafür stammen von Pestalozzi.

Die zweite und dritte Rede stellen diese „neue Erziehung" im allgemeinen dar, spätere bringen Konkretisierungen und Ausführungsbestimmungen. Die wesentliche Forderung ist, daß die Erziehung zu einer unter klaren Regeln stehenden Kunst werden soll, die ihren Zweck methodisch – und darum sicher – erreicht: „Aus den Händen dieser dunklen und nicht zu berechnenden Kraft nun soll hinfüro die Bildung zum Menschen unter die Botmäßigkeit einer besonnenen Kunst gebracht werden, die an allem ohne Ausnahme, was ihr anvertraut wird, ihren Zweck sicher erreiche." (ebd. 283) Fichte ist überzeugt, durch eine solche Kunst bei den Zöglingen einen „festen und nicht weiter schwankenden Willen" hervorbringen zu können. Alle Freiheit des Willens – im Sinne eines Schwankens in den Entschließungen – soll „gänzlich vernichtet" werden, um diese strenge Notwendigkeit hervorzubringen. Die neue Erziehung befaßt sich demgemäß auch nicht mit Ermahnungen (die einen freien Willen voraussetzen): „Willst du etwas über ihn (den Menschen, P. R.) vermögen, so mußt du mehr tun, als ihn bloß anzureden, du mußt ihn machen, ihn also machen, daß er gar nicht anders wollen könne, als du willst, daß er wolle." (ebd. 282)

Fichtes erfahrungsfreies Zutrauen in die Leistungsfähigkeit einer solchen Kunst – wenn nur die rechten Regeln gefunden sind – ist grenzenlos. Er unterstellt ein „ewiges und ohne alle Ausnahme waltendes Grundgesetz der geistigen Natur des Menschen, daß er geistige Tätigkeit unmittelbar anstrebe" (ebd. 286); die Selbsttätigkeit des Zöglings muß sich in Gang bringen lassen. Vor allem sind die schlechten Einflüsse der sündhaften Gegenwart abzuhalten; die gänzliche Absonderung von allem „Gemeinen" aus der vorhandenen Umwelt ist eine von Fichtes wichtigsten Maximen. Er denkt daran, daß die Zöglinge „abgesondert von der schon erwachsenen Gemeinheit" untereinander in einer Gemeinschaft leben, die nach Vernunftgesetzen eingerichtet ist, und daß sie dort lernen, das Gute aus Liebe zur sittlichen Ordnung, nicht aus Furcht vor Strafe zu tun. Die „Bildung des Erkenntnisvermögens" ist dabei für Fichte eher ein Nebenprodukt dieser sittlichen Bildung.

Zielpunkt der neuen Erziehung ist jedoch vor der Sittlichkeit die Religion: „Die Erziehung zur wahren Religion ist somit das letzte Geschäft der neuen Erziehung." (ebd. 298) Zur wahren Religion – d. h. nicht zur alten der Selbstsucht, sondern zur neuen des geistigen Lebens. Fichte kritisiert das traditionelle Christentum mit seiner Betonung der Sündhaftigkeit und der menschlichen Unzulänglichkeit. Kern der neuen Religion ist die Erkenntnis, was der „reine Wille in seinem Grunde und Wesen selber sei"; dadurch erst kann der Mensch theoretisch und praktisch mit sich selbst vollkommen eins werden, kann „die Kunst, den ganzen Menschen durchaus und vollständig zum Menschen zu bilden" (ebd. 301), vollendet werden.

Diese Erziehungslehre ist letzten Endes praktisch gewendete Wissenschaftslehre, durch die in der Erniedrigung Deutschlands der Umschwung zum neuen Zeitalter herbeigeführt werden soll. Die Philosophie ist die theoretische Prämisse für sie, welche ihrerseits erst die praktischen Voraussetzungen für das Wirksamwerden von jener realisiert: „Auf das gegenwärtige Geschlecht muß sie (die neuere deutsche, d. h. Fichtesche Philosphie, P. R.) Verzicht tun, damit sie aber bis dahin nicht müßig sei, so übernehme sie dermalen die Aufgabe, das Geschlecht, zu welchem sie gehört, sich zu bilden. ... Die Erziehung, die wir bisher beschrieben haben, ist zugleich Erziehung für sie; wiederum kann in einem gewissen Sinn nur sie die Erzieherin sein in dieser Erziehung; und so mußte sie ihrer Verständlichkeit und Annehmbarkeit zuvoreilen." (ebd. 309 f.)

Neben dieser Erziehungslehre wird nun der Nationalismus der zweite wesentliche Bestandteil der neuen Kulturphilosophie, und er vor allem dürfte ihr die große Wirkung beschert haben. Der Anknüpfungspunkt für ihn ist, daß es die Deutschen sind, denen es anzumuten ist, „die neue Zeit, vorangehend und vorbildend für die übrigen, zu beginnen" (ebd. 306). Um dies zu begründen, wird entwickelt, worin die Besonderheit des deutschen Volkes besteht. Sie liegt nicht im Rassischen oder in besonderen historischen Umständen, sondern in erster Linie in der Sprache. Die prägende Kraft der Sprache wird sehr hoch eingeschätzt; deswegen ist es wichtig, daß bei einem Volk dieselbe Sprache kontinuierlich fortdauert und keine fremde übernommen wird. Vor allem zum lebendigen Erfassen und Bezeichnen des Übersinnlichen kommt es nur bei dieser Kontinuität, wenn also die „unmittelbare Klarheit und Verständlichkeit der Sinnbilder niemals abgebrochen" wird (ebd. 318). Wo dagegen eine fremde Sprache angenommen wird, löst sich der Zusammenhang von Sinnlichem und Übersinnlichem; der Kontakt zur eigenen Anschauung geht in den fremden Ausdrücken verloren.

Die Besonderheit der Deutschen sei nun, daß sie eine derart lebendige Sprache haben: sie reden eine „bis zu ihrem ersten Ausströmen aus der Naturkraft lebendige Sprache", die übrigen germanischen Stämme – das ist selbstverständlich gegen die Franzosen gerichtet – reden „eine nur auf der Oberfläche sich regende, in der Wurzel aber tote Sprache" (ebd. 325). Bei dem „unermeßlichen Einfluß" der Sprache auf die Kulturentwicklung ergibt sich daraus, daß beim „Volk der lebendigen Sprache" die Geistesbildung eine ganz andere sein wird als bei dem mit einer toten Sprache. Die Folgerungen, die Fichte aus seiner Grundunterscheidung herleitet, brauchen hier nicht angeführt zu werden. Erwähnt sei nur noch, daß die unterschiedlichen philosophischen Entwicklungen im „Ausland" und in Deutschland von diesem Punkt aus erklärt werden (ebd. 351 ff.). Wo

„selbständiger deutscher Geist sich regte", da entstand erst „eigentliche Philosophie", und: „Seitdem ist unter uns die Aufgabe vollständig gelöst und die Philosophie vollendet worden, welches man indessen sich begnügen muß, zu sagen, bis ein Zeitalter kommt, das es begreift." (ebd. 353) Am Ende scheint sogar, was unter „deutsch" zu verstehen ist, durch das Anhängen an diese Philosophie definiert zu werden, „die mit gutem Fuge sich die deutsche nennt" (ebd. 375).

Fichtes Nationalismus tritt nicht an die Stelle der übernationalen Vernunftziele; es geht ihm ja nur um eine besondere Disposition der Deutschen, in der gegebenen Situation diese Ziele zu verwirklichen. Dies erklärt sich zum Teil aus der Appellfunktion der Reden: Ihr, gerade ihr Besiegten seid es, die es machen müssen. Fichte bemüht sich aber auch darum, diese besondere Disposition sachlich zu begründen. Dabei gleitet er in Vorstellungen ab, die doch (zumal nach allem, was inzwischen geschehen ist) sehr irrational anmuten, – bis zu dem mißbräuchlichen, törichten Satz, daß „Charakter haben, und deutsch sein, ohne Zweifel gleichbedeutend" sei (ebd. 446). Der Begriff des Volkes erfährt dabei eine quasireligiöse Überhöhung; es ist das Bestimmtsein durch ein „besonderes Gesetz der Entwicklung des Göttlichen aus ihm" (ebd. 381), das ein Volk konstituiert; die Nation wird zur „Hülle des Ewigen" (ebd. 387).

Als Lehrer an der Berliner Universität hat Fichte auch seine praktische Philosophie auf der Grundlage der neuen Wissenschaftslehre neu dargestellt. Sein Sohn hat drei dieser Vorlesungen herausgegeben: *Das System der Sittenlehre*, 1812 (FW XI, 1–118); *Das System der Rechtslehre*, 1812 (FW X, 493–652);[54] *Die Staatslehre*, 1813 (FW IV, 367–600). Wir wollen unseren Überblick über Fichtes spätere Philosophie mit der *Anweisung zum seligen Leben* beenden. Da Fichtes spätere Philosophie im ganzen immer mehr zu Religionsphilosophie wird, scheint es angemessen, das religionsphilosophische Hauptwerk an das Ende zu setzen.

„Es ist, außer Gott, gar nichts wahrhaftig, und in der eigentlichen Bedeutung des Wortes, da, denn – das Wissen: und dieses

Wissen ist das göttliche Dasein selber, schlechthin und unmittelbar, und inwiefern Wir das Wissen sind, sind wir selber in unserer tiefsten Wurzel das göttliche Dasein. Alles andere, was noch als Dasein uns erscheint, – die Dinge, die Körper, die Seelen, wir selber, inwiefern wir uns ein selbständiges und unabhängiges Sein zuschreiben, – ist gar nicht wahrhaftig, und an sich da; sondern, es ist nur da, im Bewußtsein und Denken, als Bewußtes, und Gedachtes, und durchaus auf keine andere Weise." (FW V, 448) Dies ist, in prägnante Worte zusammengefaßt, Fichtes späte Philosophie – der „Idealismus relativ zu Gott", der das Wissen als „Dasein Gottes" (ebd. 439) faßt und alles andere Seiende als darin bewußtes und gedachtes versteht. Da das göttliche Sein reine, unwandelbare Einheit ist, stellt sich die Frage, wie die Mannigfaltigkeit in das an sich einfache Sein kommt (ebd. 450). Das „Prinzip der Spaltung" soll außer den „Akt des göttlichen Daseins" fallen, jedoch unmittelbar mit ihm verknüpft sein und notwendig aus ihm folgen. Fichte sucht darzutun, daß es „das wesentliche Grundgesetz der Reflexion" ist, daß „in der Reflexion auf sich selbst ... sich das Wissen durch sich selber und seine eigene Natur" spaltet (ebd. 456). Der „eigentliche Weltschöpfer" ist der Begriff. Die Metaphorik des „Zerspaltens" hat in dem Bemühen, das parmenideische Eine in eine Erscheinungswelt übergehen zu lassen, die Hauptlast zu tragen. Fichte unterscheidet dabei zwei wesentliche Formen dieser Spaltung: einmal eine vermittels der Grundform der Reflexion in eine ins Unendliche veränderliche Welt, zweitens eine, die die Reflexion auf das Objekt aufspaltet in fünf „Weisen, die Welt zu nehmen", in fünf „mögliche Stufen und Entwicklungsgrade des innern geistigen Lebens" (ebd. 464). Diese fünf Stufen – sinnlicher Realismus, äußerlich-rechtliche Sittlichkeit, wahre Sittlichkeit, religiöse Ansicht und Wissenschaft – bilden den Hintergrund für die eigentliche „Anweisung" zum seligen Leben: „Der aufgestellten Theorie lebendiger Besitz nun, keineswegs aber ihr trocknes und totes, lediglich historisches Wissen, ist, nach unserer Behauptung, die höchste, und die einzig mögliche Seligkeit." (ebd. 493) Die möglichen Weltansichten werden nach ihrer affektiven Seite als eben so viele

„Standpunkte des Genusses der Welt, und seiner selber" beschrieben. In seiner höchsten Form ist dieser Genuß Liebe, – die 10. Vorlesung gibt eine Apotheose der Liebe, die „das Band des reinen Seins und der Reflexion" ist, in der Sein und Dasein, Gott und Mensch „Eins, völlig verschmolzen und verflossen" sind (ebd. 540). „Die Liebe daher ist höher, denn alle Vernunft, und sie ist selbst die Quelle der Vernunft, und die Wurzel der Realität, und die einzige Schöpferin des Lebens, und der Zeit" (ebd. 541 f.); sie nimmt nun im wesentlichen den Platz ein, der früher der Freiheit zukam. Im Zuge der theistischen Transformation der Wissenschaftslehre tritt auch der kategorische Imperativ der Pflichterfüllung zurück hinter die „Anweisung zum seligen Leben"; gegenüber der Liebe ist das Handeln nichts mehr an und für sich selbst und ohne eigenes Prinzip (ebd. 544). Fichtes „Gemälde der Seligkeit "schließt mit den Versen Schillers über das „zephyrleichte Leben" der Seligen.

14. Fichtes Bedeutung und Wirkung

Beim Vergleich der Kantischen und Fichteschen Philosophie kann einem Russells Bemerkung in den Sinn kommen, daß zwar in einer inkonsistenten Philosophie nicht alles wahr sein kann, aber in einer konsistenten alles falsch. Die meisten Änderungen, die Fichte an der Kantischen Konzeption vornimmt, werden durch Konsistenzüberlegungen nahegelegt, ohne daß man deswegen seine Zuversicht teilen könnte, die sich ergebende Theorie sei die „vollendete Philosophie" (vgl. oben S. 165).

Am wenigsten aus solchen Gründen ist sicherlich die offizielle Methodologie erzwungen, aus obersten Grundsätzen deduzieren zu wollen. Die Bedeutung dieser Methodologie ist allerdings auch geringer, als es zunächst den Anschein haben mag.

Bedeutsamer ist zweifellos die Kritik an der Inkonsequenz dessen, was man einen „halben Idealismus" nennen könnte (vgl. z. B. oben S. 66). Daß Erfahrung zwei „sehr ungleichartige Elemente" enthalte, nämlich eine Materie und eine Form (Kant, KRV B 118), von welchen sehr ungleichartigen Elementen das eine aus einer ganz anderen Quelle stammen soll als das andere; daß der Verstand der Natur zwar einige, aber nicht alle Gesetze vorschreiben soll – das sind Auffassungen, die nicht in konsistenter Weise vertreten werden können. Der Grund dafür (den man in dem Satz zusammenfassen kann, daß Form und Stoff nicht „besondere Stücke" sein können, vgl. oben S. 69) liegt in der inneren Einheit dessen, was da zusammengesetzt werden soll. Wer sich etwa das Mannigfaltige gegeben sein läßt, wird dabei Raum und Zeit ohne weiteres Zutun mitbekommen (vgl. oben S. 126), da beides nicht isoliert bestehen kann. Dies zeigt nachdrücklich Herbarts Frage: Woher die bestimmten Gestalten bestimmter Dinge? Sie wird unbeantwortbar, wenn der Raum und das Mannigfaltige voneinander unabhängige Ursprünge haben sollen.[55] Bei den Gesetzen sind die, die die Natur von sich aus beizusteuern hätte, nicht einmal logisch unabhängig von denen, die der Verstand ihr vorschreiben soll.

Aus diesen Gründen ergibt sich aber lediglich die Unmöglichkeit einer Form-Stoff-Aufteilung, die gleichsam „mitten durch die Erfahrungswelt hindurch" gehen soll. Nicht betroffen wäre eine Aufteilung, die auf der einen Seite raumzeitlich sich erstreckende Ereignisse (als konkrete Entitäten), auf der anderen die Gesamtheit der Tatsachen hat (d. h. abstrakter Entitäten, die kein Stück der Raumzeit ausfüllen). Diese Aufteilung geht nicht inhaltlich durch die Erfahrungswelt, sie macht nicht Form und Stoff zu „besonderen Stücken", sondern behält auf beiden Seiten die ganze Welt – einmal als Gesamtheit der Tatsachen, einmal als Gesamtheit der Ereignisse. Sie wird deswegen durch Fichtes Kritik nicht getroffen.[56]

Zu der Kritik an der Inkonsistenz eines halben Idealismus tritt bei Fichte zweitens die Überzeugung, daß in einer nichtidealistischen Theorie Freiheit nicht zu retten sei. Diese Auffassung hat im wesentlichen auch Kant vertreten (KPV, AA V, 100–103). Als konsequenteste Form einer nichtidealistischen, „dogmatischen" Philosophie galt der Spinozismus, demzufolge Handlungen mit mathematischer Notwendigkeit erfolgen. Fichte hatte also gute Gründe für seine Auffassung, obwohl keineswegs klar ist, daß sie zu Recht besteht.

Nimmt man dazu drittens das Postulat der Freiheit – Fichte hat wiederholt dargelegt, daß er es nicht für einen theoretisch beweisbaren Satz hält –, dann ergibt sich, daß ein „ganzer Idealismus" vertreten werden muß. Fichte hat einen solchen mit bewundernswerter Energie und Konsequenz durchzuführen versucht.

Bestärkt wurde diese Konzeption viertens durch die Ansicht, daß ein „influxus physicus", eine kausale Einwirkung einer unabhängigen Realität auf das erkennende Wesen, nicht sinnvoll angenommen werden könne (vgl. oben S. 67). Ein Realist wird das erkennende Wesen als einen Teil der Natur ansehen, der mit ihr in Wechselwirkung steht und seine Information über sie aus dieser Wechselwirkung bezieht. Das Argument Jacobis (vgl.

oben S. 34) sollte zeigen, daß diese Auffassung unverträglich ist mit der idealistischen Deutung von Kausalität. Fichte hat das Argument bald aus dieser Beziehung gelöst und die Annahme eines influxus physicus für schlechthin sinnlos gehalten. In dieser Allgemeinheit erzwingt das Argument keinen Idealismus (vgl. oben S. 125); es war aber geeignet, die genannten Vorstellungen zu bestärken.

Ein fünfter für Fichtes Philosophie grundlegender Punkt betrifft die Deutung des Ich, dem die apriorischen Leistungen zugeschrieben werden sollen. Solange in dieser Frage nicht eindeutig Stellung bezogen wird, ist die Kantische Philosophie noch gar keine abgeschlossene Theorie. Fichtes Lösung ist durchaus bemerkenswert: Es muß ein nichtsinnliches Ich geben, das aber sich selbst zugänglich und durchsichtig zu sein hat. Dieses Ich darf deswegen nicht als ein sich selbst vorgegebenes „Ich an sich" verstanden werden, weil es dann als unerkennbar und nicht hinsichtlich der eigenen Kategorien bestimmbar herauskäme. Das nichtsinnliche Ich darf selbst nur, metaphorisch gesprochen, im Lichtkegel der eigenen apriorischen Leistungen vorkommen können. Nichts anderes bedeutet das „Sich-Setzen". Was Kant selbst schon für das empirische Ich vorgeschlagen hatte, muß sinngemäß auf das nichtsinnliche Ich ausgeweitet werden. Man kann dies auch so ausdrücken, daß nach Fichte das Spezifische von Subjektivität auf der Art des Prozesses beruht, den sie darstellt, und daß Subjekte Entitäten sind, die nur in solchen Prozessen und zufolge von ihnen bestehen können. Die Meinung, daß dies widerspruchsvoll sei, ist unbegründet.

Gegen die Fichte-Deutung Henrichs,[57] die Fichtes „ursprüngliche Einsicht" vornehmlich in der Entdeckung des Problems des Selbstbewußtseins sieht, möchte ich aber betonen, daß die Veranlassung zu dieser Konzeption nicht darin liegt, daß die Möglichkeit des Selbstbewußtseins zum Problem geworden war, sondern darin, daß von Schulze-Aenesidemus und anderen die Frage nach dem Status des „Gemütes", in dem nach Kant die apriorischen Formen bereitliegen sollen, gestellt worden war (vgl. oben S. 35 f.). Diese Frage bedurfte einer Antwort, und diese Antwort mußte so beschaffen sein, daß sie mit der übrigen Theorie verträglich war und nicht das Ergebnis nach sich zog, eine theoretische Erkenntnis dieses „Gemütes" sei gerade nach der vorgelegten Theorie gar nicht möglich, weil z.B. die Kategorien auf es gar nicht angewandt werden könnten. In diesem Problembereich liegt, was zu der Konzeption des „Sich-Setzens" geführt hat. Sie ist keineswegs durch die mit der reflexiven Struktur des Selbstbewußtseins als solcher verbundenen Probleme veranlaßt worden. Dies sieht man z.B. daran, daß das empirische „Bewußtsein seiner selbst nach den Bestimmungen unseres Zustandes" (Kant, KRV A 107), obwohl es offenkundig ebenfalls reflexiv ist, nicht als problematisch empfunden worden ist.

Wenn man sich diese fünf Determinanten vor Augen hält, dann muß man, so meine ich, der Fichteschen Theorie einen hohen Grad von innerer Folgerichtigkeit bescheinigen, ohne Frage einen höheren, als ihn Kants eigene Theorie besitzt. Vielen Zeitgenossen war dies durchaus bewußt. Ich will noch einmal an Jacobi erinnern (vgl. oben S. 121), der unter diesem Eindruck sagte: Eine Philosophie aus Einem Stück, ein wahrhaftes Vernunftsystem ist auf die Fichtesche Weise allein möglich (Werke III, 19). Auch die, die ihn dann überwinden wollten, haben diese Folgerichtigkeit relativ zu Kant akzeptiert. Fichtes wichtigste Leistung war, ein „System der Transzendentalphilosophie aus Einem Stück" vorgelegt zu haben.

Auch viele Einzelheiten in der Durchführung sind von großer Originalität und bleibendem Interesse. Die Manie des „Deduzierens" hat etwas Äußerliches und Fehlgeleitetes, aber die zugrundeliegende Vorstellung, daß unter den Kompetenzen von Subjektivität ein aufweisbarer systematischer Zusammenhang vorliegen muß, ist nicht ohne Grund. Und in den besseren Momenten gelingen Fichte Analysen von hohem Rang, so über den Zusammenhang von Begriffen und Zwecken, über die Funktion von Aufforderungen für die Möglichkeit individueller Zwecksetzungen, überhaupt über das Eingreifen von Theorie und Praxis ineinander. Auch die mit der Philosophie der Freiheit verbundenen handlungstheoretischen Untersuchungen –

insbesondere zu dem Verhältnis von Freiheit und Natur – sollten genannt werden.

Unklar bleibt in Fichtes Philosophie vor allem das Verhältnis des überindividuellen Ich zu den individuellen Personen. Die Metaphorik des „Zerspaltens", die sich in diesem Zusammenhang vielfach einfindet, hat keinen sachlichen Wert. Sie ist auch mit der irreführenden Assoziation verbunden, als sei es ein Vorgang, der von dem einen zum andern führt. Diese Gebrechen machen auch den früh verbreiteten Widerstand gegen Fichtes Philosophie verständlich. Daß die ganze Theorie absurd wird, wenn sie auf das „gemeine Ich" bezogen wird, gibt Fichte ja selbst zu (vgl. oben S. 137). Diese Schwierigkeiten schlummern aber auch in den Grundlagen der Kantischen Theorie – bei dieser teilweise in dem transzendentalen „wir", „in uns" usw. versteckt.

Die zufolge dieses Widerstandes um 1800 einsetzenden Versuche, die Fichtesche Philosophie zu „überwinden", indem das, was in ihr als Höchstes gilt, der Einseitigkeit überführt werden soll, erscheinen auf den ersten Blick als eine konsequente Fortsetzung des Fichteschen Feldzuges gegen den „halben Idealismus". In Wahrheit kann davon gar keine Rede sein; die Argumente sind in beiden Fällen völlig verschieden. Vor allem sind sie (nach Einsicht des Verfassers) im ersten Fall entschieden besser.

Wenn es so auch einen folgerichtigen Weg „von Kant zu Hegel" nicht gibt, so kann doch das erste Teilstück „von Kant zu Fichte" den Anspruch auf eine gewisse innere Folgerichtigkeit durchaus erheben. Allerdings nicht in dem starken Sinne, daß die mit dem revolutionären Kantischen Neuansatz aufgeworfenen Probleme gar keine andere Lösung erlaubt hätten. Es hat seitdem manche „Kant-Renaissancen" gegeben, Versuche also, die „Transzendentalphilosophie aus Einem Stück" auf andere Weise zustande zu bringen. Vergleicht man derartige Versuche aber auf ihre gedankliche Geschlossenheit hin, dürfte Fichtes Theorie noch immer nicht schlecht im Rennen liegen.

Fichte hat nur wenige direkte Anhänger und Schüler gehabt. Reinhold hat sich wie erwähnt (vgl. oben S. 135) zwischen 1797 und 1800 zur Wissenschaftslehre bekannt, Forberg (vgl. oben S. 111), Schad, Niethammer und einige wenige andere haben Schriften veröffentlicht, die in enger Nachfolge stehen. Nicht diese Autoren machen Fichtes historische Wirksamkeit aus, sondern daß die großen Systeme von Schelling und Hegel – wie berechtigt auch immer deren Kritik an Fichte gewesen sein mag – ohne die Wissenschaftslehre nicht möglich gewesen wären.

Von Bedeutung ist Fichte auch wegen seines Einflusses auf einige Dichter und Schriftsteller im Umkreis der frühen Romantik. Oftmals war dieser Einfluß vermittelt durch die persönliche Begegnung in Jena; wir wissen z.B., daß sich Fichte, Hölderlin und Novalis im Mai 1795 im Hause Niethammers begegnet sind, bei welcher Gelegenheit „viel über Religion gesprochen" wurde. Daß Hölderlin stark von Fichte beeindruckt war, wurde schon erwähnt (vgl. oben S. 133 f.); ebenso seine Rolle bei der Ausbildung des nach-fichteschen Idealismus.[58] Wie intensiv sich Novalis mit Fichte beschäftigt hat, zeigen die umfangreichen Fichte-Studien und -Exzerpte aus den Jahren 1795–97.[59] Für Friedrich Schlegel urteilt Ernst Behler in seiner Einleitung zur Ausgabe der *Philosophischen Lehrjahre 1796–1806* wie folgt: „Man möchte sagen, daß sich Schlegel mit keinem anderen Philosophen so kontinuierlich und zugleich anregend auseinandergesetzt hat wie mit Fichte."[60] Der generelle Hintergrund für diese von Fichte ausgehende Faszination ist stets, daß die von Kant ihren Ausgang nehmende „Revolution der Denkart" bei ihm zu einer konsequenten, in sich schlüssigen Philosophie der Subjektivität gelangt zu sein schien. So rühmt Friedrich Schlegel gegenüber Kants „Oszillieren" die „gewaltige durchgreifende Kraft des Spinoza und Fichte".

Fichtes Einfluß ist aber nicht auf absoluten Idealismus und Jenaer Romantik beschränkt geblieben. Auch Philosophen, die eine ganz andere Richtung eingeschlagen haben, sind durch die Begegnung mit ihm geprägt worden. So hat der junge Herbart sein Philosophie-Studium 1794 in Jena bei Fichte aufgenommen; er hat diesem damals schriftliche Bedenken gegen einige Thesen der Wissenschaftslehre vorgelegt. Sein späterer Weg hat sich weit von demjenigen Fichtes entfernt. Herbarts Schrift

Hauptpunkte der Metaphysik hat Fichte deswegen 1808 einer Kritik unterzogen (FW XI, 395–400). Auch der junge Schopenhauer ist im Herbst 1811 wegen Fichte nach Berlin gegangen, er hat freilich bald energisch „gegen alle Gemeinsamkeit mit diesem Fichte" protestiert.[61] Schließlich sei auch Fichtes Sohn Immanuel Hermann (1796–1879) genannt, dessen gegen Hegels Religionsphilosophie gerichteter spekulativer, ethischer Theismus manche Motive aus der väterlichen Philosophie übernimmt.

Wenn es so etwas wie eine sachliche Tendenz von Kant zu Fichte hin gibt, wird jeder Rückgang auf Kant auch die Fichtesche Philosophie irgendwann zu erneuter Aktualität bringen. In der als „Neukantianismus" bezeichneten Bewegung geschah dies vor allem in der südwestdeutschen Schule. Bei Windelband, Rickert, Bauch, Münsterberg und anderen ihrer Vertreter zeigen sich Einflüsse Fichtes, die darauf zurückgehen, daß bestimmte sachliche Probleme wiederkehren (wie die bedenkliche Rolle der Dinge an sich oder die Frage nach dem Status des Subjekts). Auch bei den sogenannten „Neuidealisten" – bei Rudolf Eucken und einigen nahestehenden Autoren – findet sich manches, was auf Fichte zurückgeht, ebenso bei Wilhelm Dilthey.[62]

Von besonderer sachlicher Bedeutung ist das Verhältnis zwischen der Wissenschaftslehre Fichtes und der transzendentalen Phänomenologie Husserls, da kaum eine andere philosophische Theorie dieses Jahrhunderts Fichte in vielen Hinsichten so nahe zu sein scheint wie diejenige Husserls. Allerdings dürfte Husserl die Schriften Fichtes kaum intensiv studiert haben; seine wenigen und meist abwehrenden Bezugnahmen auf sie erlauben nicht, von „Einflüssen" zu sprechen. So bleibt der Forschung nur die Möglichkeit eines äußeren Vergleichs: analoge Problemsituationen haben zu Theorien geführt, die manches miteinander gemein haben.[63]

Nach 1945 ist eine umfangreiche und intensive Fichte-Forschung in Gang gekommen, der es allerdings kaum jemals gelungen ist, Fichtes Denken mit dem aktuellen philosophischen Gespräch in Kontakt zu bringen. Von den heute üblichen Standards analytischer Rationalität und Durchsichtigkeit ist Fichtes Weise zu philosophieren zweifellos oft genug weit entfernt. Dies hat dazu geführt, daß etwa Kants Denken weitaus mehr in diesem Gespräch präsent ist als dasjenige Fichtes. Die formalen Unzulänglichkeiten der Fichteschen Philosophie, zum großen Teil veranlaßt durch eine irregeleitete Methodologie, sollten jedoch die von dieser Methodologie unabhängigen sachlichen Gehalte nicht verdecken. Diese Philosophie sollte präsenter sein, als sie es ist.

Anhang

1. Anmerkungen

1 Nach: Fichtes Leben und literarischer Briefwechsel, von I. H. Fichte, 1. Bd., Leipzig 1862 (2. A.), S. 129. Im Abdruck des Tagebuchs in der Gesamtausgabe ein abweichender Text, GA II, 1, 415.

2 Fichte im Gespräch, 1. Bd., hg. v. Erich Fuchs, Stuttgart 1978, 35 ff.

3 E. Fuchs, Zu Fichtes Tätigkeit in Erlangen, in: Fichtes Wissenschaftslehre 1805, hg. v. H. Gliwitzky, Hamburg 1984, S. LXXVII–LXXXII.

4 Athenäum, 1. Bd., 2. St., Berlin 1798, S. 56; vgl. F. Schlegel, Kritische Ausgabe, Bd. 2, München/Paderborn/Wien 1967, 198.

5 Bernard Willms (Hg.), Fichtes Schriften zur Revolution, Köln/Opladen 1967, XVI.

6 J. B. Erhard, Über das Recht des Volks zu einer Revolution, hg. v. Haasis, München 1970.

7 Zu Fichtes Rolle in der Geschichte des Antisemitismus vgl.: J. Katz, Vom Vorurteil bis zur Vernichtung. Der Antisemitismus 1700–1933, München 1989, 61 ff.

8 Hocks/Schmidt, Literarische und politische Zeitschriften 1789–1805, Stuttgart 1975, 16 f.

9 Reinhold, Briefe über die kantische Philosophie, Buchausgabe Leipzig 1790/92, Bd. 1, 108.

10 Zitiert nach: H. Vaihinger, Kommentar zu Kants Kritik der reinen Vernunft, Stuttgart 1922 (2. A.), 1. Bd., 9.

11 Ewald (nach: J. E. Erdmann, Die Entwicklung der deutschen Spekulation seit Kant, 1848, 250).

12 Dieter Henrich, Die Beweisstruktur von Kants transzendentaler Deduktion, in: G. Prauss (Hg.), Kant. Zur Deutung seiner Theorie von Erkennen und Handeln, Köln 1973, 90–104.

13 Neuausgabe: Hamburg 1978.

14 Neuausgabe im gleichen Band, Hamburg 1978, 139–174.

15 Vgl. dazu: Vaihinger, Kommentar, 2. Bd., 61–69.

16 Mendelssohn, Morgenstunden, neu hg. v. D. Bourel, Stuttgart 1979, 68 f.

17 Kant, Einige Bemerkungen zu L. H. Jacobs Prüfung der Mendelssohnschen Morgenstunden, AA VIII, 149–156.

18 Jacobi, Werke, hg. v. F. Roth u. F. Köppen, 2. Bd., Leipzig 1815, 125–310.

19 Zu diesem Einwand: Vaihinger, Kommentar, 2. Bd., 35–55.

20 Aenesidemus oder über die Fundamente der von dem Herrn Professor Reinhold in Jena gelieferten Elementar-Philosophie. Nebst einer Verteidigung des Skeptizismus gegen die Anmaßungen der Vernunftkritik, 1792. Neudruck Berlin 1911.

21 E. Tugendhat, Selbstbewußtsein und Selbstbestimmung, Frankfurt 1979, 13. Vorlesung.

22 Reinhold, Über das Fundament des philosophischen Wissens, Neudruck Hamburg 1978, 78.

23 Reinhold Ascheberg, Sprachanalyse und Transzendentalphilosophie, Stuttgart 1982, 263.

24 Jürgen Habermas, Moralbewußtsein und kommunikatives Handeln, Frankfurt 1983, 9.

25 Schelling an Fichte vom 3. 10. 1801 (GA III, 5, 82). Schelling hat vermutlich die folgende Aussage Fichtes im Sinn: „Der theoretische Teil unserer Wissenschaftslehre ... ist der systematische Spinozismus; nur daß eines jeden Ich selbst die einzige höchste Substanz ist." (GA I, 2, 282/FW I, 122).

26 Hocks/Schmidt, Literarische und politische Zeitschriften 1789–1805, Stuttgart 1975, 107.

27 Fichte, Wissenschaftslehre nova methodo, Kollegnachschrift K. Chr. F. Krause 1798/99, hg. v. E. Fuchs, Hamburg 1982. Im folgenden zitiert als: WL 98.

28 Fichte, Nachgelassene Schriften, hg. v. H. Jacob, Bd. 2, Berlin 1937.

29 Spinoza, Ethica, 5. Buch, Präfatio.

30 Leibniz, z. B. im Discourse de metaphysique, § 33. Die philosophischen Schriften, hg. v. Gerhardt, IV, 458.

31 P. Rohs, Transzendentalphilosophie als spatio-temporaler Spinozismus, in: Perspektiven transzendentaler Reflexion (Festschrift Gerhard Funke), Bonn 1989, 99–118.

32 Wittgenstein, Philosophische Untersuchungen, Schriften I, Frankfurt 1960, 380 ff. (§ 198 ff.).

33 Hegel, Werke, hg. v. E. Moldenhauer u. K. M. Michel, Frankfurt 1971, Bd. 20, 412.

34 Zu den Einzelheiten vgl. die Einleitung von R. Lauth in: Fichte, Von den Pflichten der Gelehrten, hg. v. R. Lauth, H. Jacob, P. K. Schneider, Hamburg 1971, XII ff.

35 H. Jonas, Das Prinzip Verantwortung, Frankfurt 1979, 3. Kapitel.

36 J. Fr. Blumenbach, Über den Bildungstrieb und das Zeugungsgeschäfte, Göttingen 1781 (ND Stuttgart 1971).

37 Zu Fichtes Behandlung der Religonsphilosophie in Vorlesungen sowie zu den Plänen einer Ausarbeitung vgl. GA I, 5, 327 f.

38 Wieder abgedruckt in: Fichte, Werke, hg. v. F. Medicus, Leipzig 1911, Bd. 3, 135–150.

39 Ein Verzeichnis dieser Flugschriften (37 Nummern) findet sich GA I, 6, 463–471.

40 Jacobi, Werke, hg. v. F. Roth u. F. Köppen, 3. Bd., Leipzig 1816, 1–57.

41 Hannelore Hegel, Isaak von Sinclair zwischen Fichte, Hölderlin und Hegel, Frankfurt 1971, 44 f.; ähnlich 59.

42 U. Schweikert, Jean Paul, Stuttgart 1970, 43.

43 R. Lauth, Die erste philosophische Auseinandersetzung zwischen Fichte und Schelling 1795–97, ZfphF XXI, 1967.

44 Hegel, Werke, hg. v. E. Moldenhauer u. K. M. Michel, Frankfurt 1971, Bd. 2, 24.

45 Ich folge dabei der von Gliwitzky in seiner Einleitung zur Ausgabe der Wissenschaftslehre 1805 (Hamburg 1984) gegebenen „Vorläufigen Übersicht der WL-Darstellungen Fichtes" (a.a.O., LXXI):
   1. WL 94/95, vgl. oben S. 48 ff.;
   2. WL nova methodo 97/99, vgl. oben S. 65 ff.;
   3. WL 1800 (GA II, 5, 319–402);
   4. WL 1801/02 (GA II, 6, 105–324 / FW II, 1–164);
   5. WL 1804[1], 1. Vortrag von 1804 (GA II, 7, 33–235), (Fichte hat die WL 1804 in Berlin dreimal vorgetragen, vom 17. Januar bis 29. März, vom 16. April bis 8. Juni und vom 5. November bis 31. Dezember);
   6. WL 1804[2] (GA II, 8, 2–421 / FW X, 87–314);
   7. WL 1804[3] (GA II, 7, 289–368);
   8. WL 1805, hg. v. H. Gliwitzky, Hamburg 1984;
   9. WL 1807, noch unediert;
   10. eine undatierte Fassung zwischen 1806 und 1814, noch unediert;
   11. Die Wissenschaftslehre in ihrem allgemeinen Umriß, 1810 (FW II, 693–709);
   12. WL 1810/11, noch unediert;
   13. WL 1812 (FW X, 315–492);
   14. WL 1813 (FW X, 1–86);
   15. WL 1814, unvollendet und noch unediert.
   Zum Themenkreis der Wissenschaftslehre gehören auch noch der posthum veröffentlichte „Bericht über den Begriff der Wissenschaftslehre und die bisherigen Schicksale derselben", 1806 (FW VIII, 361–407), sowie die ebenfalls erst aus dem Nachlaß herausgegebenen Vorlesungen:
   Einleitung in die Wissenschaftslehre, 1813 (FW IX, 1–102);
   Die Tatsachen des Bewußtseins, 1810/11 (FW II, 535–692);
   Die Tatsachen des Bewußtseins, 1813 (FW IX, 401–574);
   Über das Verhältnis der Logik zur Philosophie oder Transzendentale Logik, 1812 (FW IX, 103–400).

46 Dazu: J. Widmann, Das Problem der veränderten Vortragsformen von Fichtes Wissenschaftslehre – am Beispiel der Texte von 1804[2] und 1803. In: Der transzendentale Gedanke, hg. v. K. Hammacher, Hamburg 1981, 143–152.

47 Zitiert nach: Fichte, Erste Wissenschaftslehre von 1804, hg. v. H. Gliwitzky, Stuttgart 1969, XII.

48 Vgl. dazu: W. Künne, Hegel als Leser Platons, in: Hegel–Studien 14, 1979, 109–146.

49 L. Siep urteilt: „Es ist unsere These, daß sich die Wissenschaftslehre von 1804 nicht nur in den von Hegel kritisierten Punkten von den früheren Werken Fichtes grundsätzlich unterscheidet, sondern daß sie sich auch über weite Strecken mit den in dieser Kritik erörterten Problemen auseinandersetzt." (Hegels Fichtekritik und die Wissenschaftslehre von 1804, Freiburg 1970, 49) Hinsichtlich des „grundsätzlichen Unterschiedes" stimme ich damit überein. Allerdings halte ich die Kritik Hegels für sachlich unberechtigt und deswegen die Art, wie Fichte sich auf sie einläßt und seine Konzeption umgestaltet, für unglücklich.

50 Diese beiden Schriften hat Fichte zusammen mit der ebenfalls 1806 erschienenen „Über das Wesen des Gelehrten und seine Erscheinungen im Gebiete der Freiheit" (FW XI, 347–448) als ein „Ganzes von popularer Lehre" angesehen.

51 Schelling hat auf diese Attacken mit einer ebenfalls sehr groben Kritik der drei Schriften von 1806 reagiert: „Darlegung des wahren Verhältnisses der Naturphilosophie zu der verbesserten Fichteschen Lehre", 1806 (Werke VII, 1–126).

52 Über die Auseinandersetzungen mit der preußischen Zensur anläßlich der Veröffentlichung der Reden unterrichtet M. Lehmann, Fichtes Reden an die deutsche Nation vor der preußischen Zensur, Preußische Jahrbücher 1895, Bd. 82, 501–515.

53 Fichte, Briefwechsel, hg. v. H. Schulz, Leipzig 1930[2] (ND Hildesheim 1967), Bd. 2, 455.

54 Einen besseren Text bietet die Ausgabe dieser Rechtslehre von R. Schottky, Hamburg 1980. In seiner Einleitung stellt der Herausgeber die Differenzen zur Rechtsphilosophie von 1796 dar.

55 Vaihinger, Kommentar, a.a.O. II, 180.

56 P. Rohs, Die transzendentale Deduktion als Lösung von Invarianzproblemen, in: Kants transzendentale Deduktion und die Möglichkeit von Transzendentalphilosophie, Frankfurt 1988, 135–192; vor allem 187ff.

57 D. Henrich, Fichtes ursprüngliche Einsicht, Frankfurt 1967.

58 D. Henrich, Hölderlin über Urteil und Sein. Eine Studie zur Entstehungsgeschichte des Idealismus, in: Hölderlin-Jahrbuch 14, 1965/66.

59 Novalis, Schriften, 2. Bd., Stuttgart 1965. Vgl. dort die Einleitungen Mähls zur 2. und 3. Abteilung sowie von Th. Haering, Novalis als Philosoph, Stuttgart 1954, 618–626.

60 Kritische Friedrich-Schlegel-Ausgabe, Bd. 18, München/Paderborn 1963, XXII. Vgl. auch: Klaus Peter, Idealismus als Kritik. Friedrich Schlegels Philosophie der unvollendeten Welt, Stuttgart 1973.

61 Schopenhauer, Über die vierfache Wurzel des Satzes vom zureichenden Grunde, § 21.

62 A. Haardt, Vom Selbstbewußtsein zum Leben, in: Dilthey-Jahrbuch 6, 1989, 292–302.

63 J. Hyppolite, Die Fichtesche Idee der Wissenschaftslehre und der Entwurf Husserls, in: Husserl et la Pensée Moderne, Den Haag 1959, 182–189; H. Tietjen, Fichte und Husserl. Letztbegründung, Subjektivität und praktische Vernunft im transzendentalen Idealismus, Frankfurt 1980.

2. Zeittafel

1762	19. Mai Fichte in Rammenau geboren.
1770	Etwa um diese Zeit übernimmt von Miltitz die Erziehung des Knaben.
1774–1780	Besuch der Fürstenschule Pforta bei Naumburg.
1780–1784	Studium der Theologie.
1781	Kant, *Kritik der reinen Vernunft*.
1784	Fichte ist als Hauslehrer in Leipzig tätig.
1788–1790	Von September 1788 bis März 1790 wirkt Fichte als Hauslehrer in Zürich. Dort lernt er Johanna Rahn kennen, mit der er sich verlobt.
1790	Hauslehrer in Leipzig. Studium der Kantischen Philosophie.
1791	Im Juli bei Kant in Königsberg.
1792	*Versuch einer Kritik aller Offenbarung.*
1793	Rückkehr nach Zürich. *Zurückforderung der Denkfreiheit von den Fürsten Europas, Beitrag zur Berichtigung der Urteile des Publikums über die französische Revolution.* Am 22. Oktober Heirat mit Johanna. Im Winter 1793/94 Entdeckung des neuen Prinzips.
1794	*Rezension des Aenesidemus; Über den Begriff der Wissenschaftslehre; Über die Bestimmung des Gelehrten.* Seit Mai Professor in Jena.
1794–1795	*Grundlage der gesamten Wissenschaftslehre.*
1795	*Grundriß des Eigentümlichen der Wissenschaftslehre.* Streit um die Auflösung der Studentenorden.
1796	Geburt des Sohnes Immanuel Hermann. *Grundlage des Naturrechts.*
1797	*Versuch einer neuen Darstellung der Wissenschaftslehre.*
1798	*Das System der Sittenlehre.* Im Oktober erscheint der Aufsatz *Über den Grund unseres Glaubens an eine göttliche Weltregierung.* Beginn des Atheismusstreits.
1799	Fichte wird in Jena als Professor entlassen. Von Juli bis Dezember in Berlin.
1800	*Die Bestimmung des Menschen.* Endgültige Übersiedlung nach Berlin.
1800–1802	Auseinandersetzungen mit Jacobi, Reinhold, Bardili und Schelling.

1804	Vorlesungen in Berlin über die Wissenschaftslehre.
1805	Im Sommersemester Vorlesungen in Erlangen.
1806	*Die Grundzüge des gegenwärtigen Zeitalters. Die Anweisung zum seligen Leben.* Nach der Niederlage Preußens gegen Napoleon am 14. Oktober bei Jena und Auerstedt Flucht nach Königsberg.
1807	Vorlesungen in Königsberg. Flucht nach Kopenhagen. Nach dem Tilsiter Frieden Rückkehr nach Berlin.
1808	*Reden an die deutsche Nation.*
1810	*Die Wissenschaftslehre in ihrem allgemeinen Umriß.* Fichte wird Dekan der Philosophischen Fakultät an der neu gegründeten Berliner Universität.
1811	Fichte wird der erste gewählte Rektor.
1812	Vorzeitiger Rücktritt vom Amt des Rektors.
1814	29. Januar Tod Fichtes.

3. Bibliographische Hinweise

I. Ausgaben

1. Fichte, J. G.: Gesamtausgabe der Bayerischen Akademie der Wissenschaften. Hgg. R. Lauth und H. Jacob, Stuttgart-Bad Cannstatt 1962 ff.
   I. Reihe: Werke (bisher erschienen Bd. 1–7, Werke bis Ende 1801)
   II. Reihe: Nachgelassene Schriften (bisher erschienen Bd. 1–8, Schriften bis Winter 1804/05)
   III. Reihe: Briefe (bisher erschienen Bd. 1–5, Briefe bis Oktober 1806)
   IV. Reihe: Kollegnachschriften (bisher erschienen Bd. 1 u. 2).
2. Fichtes Werke. Hg. I. H. Fichte, 11 Bde., Berlin 1971. Nachdruck der Nachgelassenen Werke, Bonn 1834/35, sowie der Sämtlichen Werke, Berlin 1845/46.
3. Fichte, J. G.: Werke. Auswahl in 6 Bdn. Hg. F. Medicus, Leipzig 1911/12.
4. Fichte, J. G.: Nachgelassene Schriften, Bd. 2. Hg. H. Jacob, Berlin 1937.
5. Fichte, J. G.: Briefwechsel. Kritische Gesamtausgabe. Hg. H. Schulz, 2 Bde., 2., vermehrte Aufl. Leipzig 1930.
6. Fichte – Schelling: Briefwechsel. Hg. W. Schulz, Frankfurt a. M. 1968.
7. Johann Gottlieb Fichte im Gespräch. Berichte der Zeitgenossen. Hg. E. Fuchs (bisher erschienen Bd. 1–4, 1762–1812), Stuttgart-Bad Cannstatt 1978–1987.
8. Fichte in vertraulichen Briefen seiner Zeitgenossen. Hg. H. Schulz, Leipzig 1923.

Einzelausgaben von Schriften Fichtes werden hier nicht gesondert aufgeführt. Die meisten Schriften sind (mit teilweise ausführlichen Einleitungen) in der Philosophischen Bibliothek des Felix-Meiner-Verlages (Hamburg) erhältlich.

II. Bibliographien und Forschungsberichte

1. Baumgartner, H. M. u. Jacobs, W. G.: J. G. Fichte – Bibliographie, Stuttgart-Bad Cannstatt 1968.
2. Bibliographische Angaben in: III, 8, S. 139–154.
3. Lautemann, W.: Transzendentalphilosophie als Anthropologie und als Erscheinungslehre (Neuere Fichte-Interpretationen). In: Philosophische Rundschau 23 (1976), S. 197–263.
4. Girndt, H.: Forschungen zu Fichte seit Beginn und im Umkreis der kritischen Edition seiner Werke 1962. In: Zeitschrift für philosophische Forschung 38 (1984), S. 100–110.
5. Gabel, G. U.: Fichte. Ein Verzeichnis westeuropäischer und nordamerikanischer Hochschulschriften: 1885–1980, Köln 1985.
6. Stolzenberg, J.: Neuere Literatur zu Fichte. In: Philosophische Rundschau 36 (1989), S. 68–93.

III. Gesamtdarstellungen, Biographien

1. Fichte, I. H.: Johann Gottlieb Fichtes Leben und literarischer Briefwechsel, 2 Bde., Leipzig 1862.
2. Fischer, K.: Geschichte der neuern Philosophie, Bd. 6: Fichtes Leben, Werke und Lehre, 3. Aufl. Heidelberg 1900.
3. Medicus, F.: Fichtes Leben, Leipzig 1914.
4. Léon, X.: Fichte et son temps, 3 Bde., Paris 1922–1927.
5. Heimsoeth, H.: Fichte, München 1923.
6. Widmann, J.: Johann Gottlieb Fichte. Einführung in seine Philosophie, Berlin/New York 1982.
7. Rodríguez García, J. L.: Introducciones a Fichte, Saragossa 1982.
8. Jacobs, W. G.: Johann Gottlieb Fichte mit Selbstzeugnissen und Bilddokumenten, Reinbek b. Hamburg 1984.
9. Philonenko, A.: L'œuvre de Fichte. A la recherche de la vérité, Paris 1984.
10. Schuffenhauer, H.: Johann Gottlieb Fichte, Köln 1985.
11. Beiser, F. C.: The fate of reason. German philosophy from Kant to Fichte, Cambridge (Mass.) 1987.

IV. Sammelwerke

1. Archives de Philosophie 25 (1962), N. 3 u. 4.
2. Wissen und Gewissen. Hg. M. Buhr, Berlin 1962.
3. Hammacher, K. u. Mues, A. (Hgg.): Erneuerung der Transzendentalphilosophie, Stuttgart-Bad Cannstatt 1979.
4. Hammacher, K. (Hg.): Der transzendentale Gedanke, Hamburg 1981.
5. Mandt, A. J. (Hg.): Fichte and contemporary philosophy, New York 1987. (= The Philosophical Forum 19 (1987–88), N. 2–3.)

V. *Zur Wissenschaftslehre*

1. Gueroult, M.: L'évolution et la structure de la doctrine de la science chez Fichte, 2 Bde. in 1 Bd., Nd. d. Ausg. Paris 1930, Hildesheim/ Zürich/New York 1982.
2. Lauth, R.: Zur Idee der Transzendentalphilosophie, München/Salzburg 1965.
3. Henrich, D.: Fichtes ursprüngliche Einsicht, Frankfurt a. M. 1966.
4. Radermacher, H.: Fichtes Begriff des Absoluten, Frankfurt am Main 1970.
5. Inciarte, F.: Transzendentale Einbildungskraft, Bonn 1970.
6. Janke, W.: Fichte, Berlin 1970.
7. Schulte, G.: Die Wissenschaftslehre des späten Fichte, Frankfurt a. M. 1971.
8. Baumanns, P.: Fichtes ursprüngliches System. Sein Standort zwischen Kant und Hegel, Stuttgart-Bad Cannstatt 1972.
9. Becker, W.: Selbstbewußtsein und Spekulation. Zur Kritik der Transzendentalphilosophie, Freiburg i. Br. 1972.
10. Schrader, W. H.: Empirisches und absolutes Ich, Stuttgart-Bad Cannstatt 1972.
11. Schüssler, I.: Die Auseinandersetzung von Idealismus und Realismus in Fichtes Wissenschaftslehre, Frankfurt a. M. 1972.
12. Claesges, U.: Geschichte des Selbstbewußtseins, Den Haag 1974.
13. Jergius, H.: Philosophische Sprache und analytische Sprachkritik. Bemerkungen zu Fichtes Wissenschaftslehre, Freiburg i.Br./München 1975.
14. Janke, W.: Historische Dialektik, Berlin 1977.
15. Widmann, J.: Die Grundstruktur des transzendentalen Wissens nach Johann Gottlieb Fichtes Wissenschaftslehre 1804[2], Hamburg 1977.
16. Böhmer, O. A.: Faktizität und Erkenntnisbegründung. Eine Untersuchung zur Bedeutung der Faktizität in der frühen Philosophie J. G. Fichtes, Frankfurt a. M. 1979.
17. Brüggen, M.: Fichtes Wissenschaftslehre. Das System in den seit 1801/ 02 entstandenen Fassungen, Hamburg 1979.
18. Richir, Marc: Le rien et son apparence. Fondements pour la phénoménologie (Fichte: Doctrine de la science 1794/95), Brüssel 1979.
19. Müller, H.-J.: Subjektivität als symbolisches und schematisches Bild des Absoluten. Theorie der Subjektivität und Religionsphilosophie in der Wissenschaftslehre Fichtes, Königstein i.Ts. 1980.
20. Gloy, K.: Einheit und Mannigfaltigkeit. Eine Strukturanalyse des „und". Systematische Untersuchungen zum Einheits- und Mannigfaltigkeitsbegriff bei Platon, Fichte, Hegel sowie in der Moderne, Berlin/ New York 1981.
21. Heinz, M.: Fichtes „System der Freiheit". Analyse eines widersprüchlichen Begriffs, Stuttgart 1981.

22. Oesch, M.: Das Handlungsproblem. Ein systemgeschichtlicher Beitrag zur ersten Wissenschaftslehre Fichtes, Hildesheim 1981.
23. Baldus, C.: Partitives und distriktives Setzen. Eine symbolische Konstruktion der Thetik in Fichtes Wissenschaftslehre von 1794/95, Hamburg 1982.
24. Hohler, T. P.: Imagination and reflection: Intersubjectivity. Fichtes Grundlage of 1794, Den Hag 1982.
25. Lütterfelds, W.: Bin ich nur öffentliche Person? E. Tugendhats Idealismuskritik (Fichte) – ein Anstoß zur transzendentalen Sprachanalyse (Wittgenstein), Königstein i. Ts. 1982.
26. Ivaldo, M.: Fichte. L'assoluto e l'immagine, Rom 1983.
27. Meckenstock, G.: Vernünftige Einheit. Eine Untersuchung zur Wissenschaftslehre Fichtes, Frankfurt a. M./Bern/New York 1983.
28. Oesch, M.: Fichtes Wissenschaftslehre in der zeitgenössischen Kritik. In: Perspektiven der Philosophie 9 (1983), S. 283–303.
29. Buzzi, F.: Libertà e sapere nella Grundlage (1794–1795) di J. G. Fichte. Sviluppi fichtiani del problema deduttivo kantiano, Brescia 1984.
30. Lauth, R.: Die transzendentale Naturlehre Fichtes nach den Prinzipien der Wissenschaftslehre, Hamburg 1984.
31. Oberbeil, F.: Die transzendentale Synthesis. Entwurf und Geschichte der Hauptfrage in Fichtes Jensener Wissenschaftslehre, Frankfurt a. M./Bern/New York 1984.
32. Riobo González, M.: Proceso de personificación según la dialéctica de Fichte, Santiago 1984.
33. Schüttler, H.: Freiheit als Prinzip der Geschichte. Die Konstitution des Prinzips der Geschichte und der historischen Faktizität nach J. G. Fichtes Wissenschaftslehre, Würzburg 1984.
34. Siemek, M. J.: Die Idee des Transzendentalismus bei Fichte und Kant. Aus d. Poln. v. M. J. S., Hamburg 1984.
35. Soller, A. K.: Trieb und Reflexion in Fichtes Jenaer Philosophie, Würzburg 1984.
36. Di Tommaso, G. V.: Dottrina della scienza e genesi della filosofia della storia nel primo Fichte, L'Aquila/Rom 1986.
37. Düsing, E.: Intersubjektivität und Selbstbewußtsein. Behavioristische, phänomenologische und idealistische Begründungstheorien bei Mead, Schütz, Fichte und Hegel, Köln 1986.
38. Masullo, A.: Fichte. L'intersogettività e l'originario, Neapel 1986.
39. Stolzenberg, Jürgen: Fichtes Begriff der intellektuellen Anschauung. Die Entwicklung der Wissenschaftslehre von 1793/94–1801/02, Stuttgart 1986.
40. Ivaldo, M.: I principi del sapere. La visione trascendentale di Fichte, Neapel 1987.
41. Lauth, R.: Hegel critique de la doctrine de la science de Fichte, Paris 1987.

42. Sallis, J.: Spacings of reason and imagination in texts of Kant, Fichte, Hegel. Chicago (Ill.)/London 1987.
43. Zehnpfennig, B.: Reflexion und Metareflexion bei Platon und Fichte. Ein Strukturvergleich des Platonischen „Charmides" und Fichtes „Bestimmung des Menschen, Freiburg i.Br. 1987.

VI. *Zur Rechtsphilosophie und Politik*

1. Buhr, M.: Revolution und Philosophie, Berlin 1965.
2. Willms, B.: Die wahre Freiheit, Köln/Opladen 1967.
3. Hahn, K.: Staat, Erziehung und Wissenschaft bei J. G. Fichte, München 1969.
4. Batscha, Z.: Gesellschaft und Staat in der politischen Philosophie Fichtes, Frankfurt a.M. 1970.
5. Duesberg, H.: Person und Gemeinschaft. Philosophisch-systematische Untersuchungen des Sinnzusammenhangs von personaler Selbständigkeit und interpersonaler Beziehung an Texten von Fichte und Martin Buber, Bonn 1970.
6. Verweyen, H.J.: Recht und Sittlichkeit in J. G. Fichtes Gesellschaftslehre, Freiburg i.Br./München 1975.
7. De Pascale, C.: Le origini teoriche dei Discorsi alle nazione tedesca. La filosofia della storia di Fichte nel primo periodo berlinese. In: Studi Senesi 89 (1977), N. 1, S. 39–103.
8. Krautkrämer, U.: Staat und Erziehung. Begründung öffentlicher Erziehung bei Humboldt, Kant, Fichte, Hegel und Schleiermacher, München 1979.
9. Schröder, H.: Die Rechtlosigkeit der Frau im Rechtsstaat. Dargestellt am Allgemeinen Preussischen Landrecht, am Bürgerlichen Gesetzbuch und an J. G. Fichte's Grundlage des Naturrechts, Frankfurt a.M. 1979.
10. Verzar, A.: Das autonome Subjekt und der Vernunftstaat. Eine systematisch-historische Untersuchung zu Fichtes „Geschlossenem Handelsstaat" von 1800, Bonn 1979.
11. Ferry, L.: Sur la distinction du droit et de l'éthique dans la première philosophie de Fichte. In: Archives de Philosophie du Droit 26 (1981), S. 287–301.
12. Zaczyk, R.: Das Strafrecht in der Rechtslehre J. G. Fichtes, Berlin 1981.
13. Ewert, M.: Die problematische Kritik der Ideologie. Spekulativer Schein (Kant, Fichte, Hegel, Marx) und seine politische Auflösung (die sozialdemokratische Erbengemeinschaft), Frankfurt a.M./New York 1982.
14. Hegemann, C. G.: Identität und Selbst-Zerstörung. Grundlagen einer historischen Kritik moderner Lebensbedingungen bei Fichte und Marx, Frankfurt a.M./New York 1982.
15. Schmalbrock, G.: Nationalvergiftung. Eine Auseinandersetzung mit Fichtes Reden an die deutsche Nation, Gladbeck 1982.

16. Siep, L.: Das Problem einer philosophischen Begründung des Rechts bei Fichte und Hegel. In: Giornale di Metafisica 5 (1983), S. 263–279.
17. Losurdo, D.: Fichte, la Rivoluzione francese e l'ideale della pace pèrpetua. In: Il Pensiero 24–25 (1983–84), S. 131–178.
18. Bulletin de la Société Française de Philosophie 80 (1986), N. 3: De la philosophie comme philosophie du droit (Kant ou Fichte?). Séance du 22 février 1986.
19. Renaut, A.: Le système du droit. Philosophie et droit dans la pensée de Fichte, Paris 1986.
20. Ferry, L.: Philosophie politique.
    Bd. 1: Le droit. La nouvelle querelle des Anciens et des Modernes.
    Bd. 2: Les systèmes des philosophies de l'histoire.
    Paris 1986–1987
21. Ivaldo, M.: Il sistema del diritto di Fichte. Per una rilettura del Fondamento del diretto naturale. In: Rivista di Filosofia Neo-Scolastica 79 (1987), S. 580–605.
22. Radrizzani, I.: Le fondement de la communauté humaine chez Fichte. In: Revue de Théologie et de Philosophie 119 (1987), S. 195–216.

VII. Zur Sittenlehre

1. Boehm, M. H.: Natur und Sittlichkeit bei Fichte. Nd. d. Ausg. Halle a. d. S. 1914, Hildesheim/New York 1981.
3. Gurwitsch, G.: Fichtes System der konkreten Ethik. Nd. d. Ausg. Tübingen 1924, Hildesheim / Zürich/New York 1984.
3. Ungler, F.: Zu Fichtes Theorie des Gewissens. In: Wiener Jahrbuch für Philosophie 12 (1979), S. 212–235.
4. Philonenko, A.: La liberté humaine dans la philosophie de Fichte, 2. Aufl. Paris 1980.
5. López Dominguez, V. E.: Concepción fichteana del amor, Buenos Aires 1982.
6. Wildt, A.: Autonomie und Anerkennung. Hegels Moralitätskritik im Lichte seiner Fichte-Rezeption, Stuttgart 1982.
7. Becker, W.: Das Selbstverhältnis des sprachlich Handelnden. Sprachpragmatische Überlegungen zum Handlungsbegriff bei Fichte. In: Zeitschrift für philosophische Forschung 39 (1985), S. 35–59.
8. Hösle, V.: Die Transzendentalpragmatik als Fichteanismus der Intersubjektivität. In: Zeitschrift für philosophische Forschung 40 (1986), S. 235–252.
9. Lütterfelds, W.: Die monologische Struktur des Kategorischen Imperativs und Fichtes Korrektur der Diskursethik. In: Zeitschrift für philosophische Forschung 40 (1986), S. 90–103.

VIII. Zur Religionsphilosophie

1. Ritzel, W.: Fichtes Religionsphilosophie, Stuttgart 1956.
2. Flam, L.: Natur en God en het Duitse idealisme van Fichte tot Hegel. In: Dialoog 7 (1966–1967), S. 190–242.
3. Preul, R.: Reflexion und Gefühl. Die Theologie Fichtes in seiner vorkantischen Zeit, Berlin 1969.
4. Wagner, F.: Der Gedanke der Persönlichkeit Gottes bei Fichte und Hegel, Gütersloh 1971.
5. Bader, G.: Mitteilung göttlichen Geistes als Aporie der Religionslehre Fichtes, Tübingen 1975.
6. Gruber, L.: Transzendentalphilosophie und Theologie bei Fichte und Karl Rahner, Frankfurt a. M./Berlin/Las Vegas 1978.
7. Winner, L.: Sühne im interpersonalen Vollzug. Versuch einer Erhellung des Sühnebegriffs im Anschluß an die Transzendentalphilosophie Fichtes und seine Verifizierung im Rahmen der biblischen Botschaft, München/Paderborn/Wien 1978.
8. Stalder, R.: Der neue Gottesgedanke Fichtes. Eine Studie zum „Atheismusstreit". In: Theologie und Philosophie 54 (1979), S. 481–541.
9. Vergniolle de Chantal, H.: La problématique théologique dans la „Destination de l'homme" (Fichte). In: Revue Philosophique de la France et de L'Étranger 105 (1980), S. 3–15.
10. Cesa, C.: Morale e religione tra Kant e Fichte. In: Teoria (Pisa) 2 (1982), N. 1, S. 3–20.
11. Widmann, J.: Existenz zwischen Sein und Nichts. Fichtes Daseins-Analyse von 1805. In: L'héritage de Kant. Mélanges philosophiques offerts au P. Marcel Régnier, Paris 1982, S. 137–151.
12. Kessler, M.: Kritik aller Offenbarung. Untersuchungen zu einem Forschungsprogramm Johann Gottlieb Fichtes und zur Entstehung und Wirkung seines „Versuchs" von 1792, Mainz 1986.
13. Siep, L.: Autonomie und Vereinigung, Hegel und Fichtes Religionsphilosophie bis 1800. In: Der Weg zum System. Hg. Jamme, Chr. u. Schneider, H., Frankfurt a. M. 1990.

IX. Beziehungen zu anderen Philosophen (in historischer Reihenfolge)

1. Baumgartner, H. M.: Die Bestimmung des Absoluten. Ein Strukturvergleich der Reflexionsformen bei J. G. Fichte und Plotin. Reinhard Lauth zum 60. Geburtstag. In: Zeitschrift für philosophische Forschung 34 (1980), S. 321–342.
2. Silvano, G.: Sulla storia del machiavellismo. Fichte lettore di Machiavelli. In: Rivista Internazionale di Filosofia del Diritto 61 (1984), S. 490–510.
3. Frigo, G. F.: Fichte e Machiavelli. A proposito di una riabilitazione e di una traduzione. In: Verifiche 14 (1985), S. 141–181.

4. Lauth, R.: Spinoza vu par Fichte. In: Archives de Philosophie 41 (1978), S. 27–48.

5. Rosso, C.: Fichte et Rousseau. Une fausse amitié? In: Le Statut de la Littérature. Mélanges offerts à Paul Bénichou. Hg. M. Fumaroli, Genf 1982, S. 229–240.

6. Vieilland-Baron, J. L.: Platonisme et antiplatonisme dans l'Aufklärung finissante. Hemsterhuis et Fichte. In: Archives de Philosophie 48 (1985), S. 591–603.

7. Engfer, H.-J.: Handeln, Erkennen und Selbstbewußtsein bei Kant und Fichte. Historische Anmerkungen zur Handlungstheorie in systematischer Absicht. In: Philosophische Probleme der Handlungstheorie. Hg. H. Poser, Freiburg i. Br. 1982, S. 101–125.

8. Lauth, R.: Kants Lehre von den „Grundsätzen des Verstandes" und Fichtes grundsätzliche Kritik derselben. In: L'héritage de Kant. Mélanges philosophiques offerts au P. Marcel Régnier, Paris 1982, S. 119–136.

9. Franz, D. E. u. Stahl, J.: „Der ewige Friede ist keine leere Idee, sondern eine Aufgabe". Bemerkungen zu den Friedenskonzeptionen Kants und Fichtes. In: Deutsche Zeitschrift für Philosophie 31 (1983), S. 18–30.

10. Taber, J.: Fichte's emendation of Kant. In: Kant-Studien 75 (1984), S. 442–459.

11. Bucci, P.: „Architettonica" e „Dottrina della scienza". Filosofia e costruzione sistematica del sapere in Kant e in Fichte. In: Giornale Critico della Filosofia Italiana 64 (1985), S. 414–428.

12. Ramos Valera, M.: La revisión fichteana de la filosofia de Kant. In: Anales Valentinos (Valencia) 11 (1985), S. 241–295.

13. Summerer, S.: Wirkliche Sittlichkeit und ästhetische Illusion. Die Fichterezeption in den Fragmenten und Aufzeichnungen F. Schlegels und Hardenbergs, Bonn 1974.

14. Hamacher, W.: Der Satz der Gattung. Friedrich Schlegels poetologische Umsetzung von Fichtes unbedingtem Grundsatz. In: Modern Language Notes (Baltimore, Md.) 95 (1980), N.5, S. 1155–1180.

15. Lauth, R.: J. G. Fichte et Madame de Staël. In: Archives de Philosophie 47 (1984), S. 63–75.

16. Barnouw, J.: „Der Trieb, bestimmt zu werden". Hölderlin, Schiller und Schelling als Antwort auf Fichte. In: Deutsche Vierteljahrsschrift für Literaturwissenschaft und Geistesgeschichte 46 (1972), S. 248–293.

17. Görland, I.: Die Entwicklung der Frühphilosophie Schellings in der Auseinandersetzung mit Fichte, Frankfurt a. M. 1973.

18. Lauth, R.: Schellings Identitätsphilosophie und Fichtes Wissenschaftslehre, Freiburg i.Br./München 1975.

19. Buchheim, Th.: Die reine Abscheidung Gottes. Eine Vergleichbarkeit im Grundgedanken von Fichtes und Schellings Spätphilosophie. In: Zeitschrift für philosophische Forschung 42 (1988), S. 95–106.

20. Lauth, R.: La différence entre la philosophie de la nature de la doctrine de la science et celle de Schelling expliquée à partir de deux points de vue

caractéristiques de la seconde. In: Archives de Philosophie 51 (1988), S. 413–429.

21. Girndt, H.: Die Differenz des fichteschen und hegelschen Systems in der hegelschen „Differenzschrift", Bonn 1965.

22. Siep, L.: Hegels Fichte-Kritik und die Wissenschaftslehre 1804, Freiburg i. Br./München 1970.

23. Schurr, A.: Philosophie als System bei Fichte, Schelling und Hegel, Stuttgart-Bad Cannstatt 1974.

24. Barmettler, H.: Die Überwindung der bloßen Vernunft. Hegels Auseinandersetzung mit Kant und Fichte in Tübingen und Bern (1792–1796), Frankfurt a. M./Bern 1979.

25. Heine, F.: Freiheit und Totalität. Zum Verhältnis von Philosophie und Wirklichkeit bei Fichte und Hegel, Bonn 1980.

26. Lauth, R.: Hegels spekulative Position in seiner „Differenz des Fichteschen und Hegelschen Systems der Philosophie" im Lichte der Wissenschaftslehre. In: Kant-Studien 72 (1981), S. 430–489.

27. Gloy, K.: Der Streit um den Zugang zum Absoluten. Fichtes indirekte Hegel-Kritik. In: Zeitschrift für philosophische Forschung 36 (1982), S. 25–48.

28. Schöndorf, H.: Der Leib im Denken Schopenhauers und Fichtes, München 1982.

29. Rockmore, T.: Fichte, Marx, and the German philosophical tradition, Carbondale (Ill.) 1980.

30. Schmidinger, H. M.: Kierkegaard und Fichte. In: Gregorianum 62 (1981), S. 499–541.

31. Hochenbleicher-Schwarz, A.: Das Existenzproblem bei J. G. Fichte und S. Kierkegaard, Königstein i. Ts. 1984.

32. Market, O.: Fichte und Nietzsche. In: Perspektiven der Philosophie 7 (1981), S. 119–131.

33. Haardt, A.: Vom Selbstbewußtsein zum Leben. In: Dilthey-Jahrbuch 6, 1989, 292–302.

34. Rockmore, T.: Fichte, Husserl, and philosophical science. In: International philosophical Quarterly 19 (1979), S. 15–27.

35. Tietjen, H.: Fichte und Husserl. Letztbegründung, Subjektivität und praktische Vernunft im transzendentalen Idealismus, Frankfurt a. M. 1980.

36. Buncsak, O.: The relevance of transcendental philosophy of the scientific theory of psychology [Fichte und Husserl]. Transl. by J. G. Naylor. In: Idealistic Studies 11 (1981), S. 49–61.

37. Seebohm, Th. M.: Fichte's and Husserl's critique of Kant's transcendental deduction. In: Husserl Studies 2 (1985), S. 53–74.

38. Hammacher, K.: Fichtes und Husserls transzendentale Begründung der Intersubjektivität und die anthropologische Fragestellung. In: Archivo di Filosofia 54 (1986), S. 669–684.

39. Sobotka, M.: Fichte und Husserl. In: Zur Problematik der transzenden-
    talen Phänomenologie E. Husserls. Hg. Miroslav Pawra, Prag 1988,
    S. 143–152.
40. Herrmann, F.-W. v.: Fichte und Heidegger. Phänomenologische An-
    merkungen zu ihren Grundstellungen. In: Der Idealismus und seine
    Gegenwart. Festschrift für Werner Marx zum 65. Geburtstag, Hamburg
    1976, S. 231–256.
41. Taber, J. A.: Transformative philosophy. A study of Sankara, Fichte,
    and Heidegger, Honolulu 1983.
42. Nagasawa, K.: Das Ich im deutschen Idealismus und das Selbst im Zen-
    Buddhismus. Fichte und Dogen, Freiburg i.Br. 1987.
43. Kölnke, K. Ch.: Philosophische Begriffe in wissenschaftsinterner und
    -externer Kommunikation. Am Beispiel der Fichte-Festreden des Jahres
    1862. In: Archiv für Begriffsgeschichte 27 (1983), S. 233–265.

Personenregister

Aristoteles 50

Baggesen, J. I. 22, 38
Bardili, C. F. 135–138
Bauch, B. 174
Berkeley, G. 131, 156
Beyme, K. F. 18

Carl August von Sachsen-Weimar-Eisenach 112

Dilthey, W. 174

Erhard, J. B. 23
Eucken, R. 174

Fichte, I. H. 14, 174
Fichte, Johanna, geb. Rahn 10f., 13, 19, 98
Forberg, F. K. 111, 173
Friedrich August, Kurfürst von Sachsen 112

Gabler, C. E. 111
Goethe, J. W. von 112, 133

Habermas, J. 46
Hamann, J. G. 33
Hartung, G. L. 13
Hegel, G. W. F. 39, 57, 88, 92, 94, 120–122, 133–136, 138, 141f., 144, 145–148, 153f., 172f.
Hegel, H. 133
Henrich, D. 170
Herbart, J. F. 168, 173
Herder, J. G. 33, 112
Heydenreich, K. H. 86
Hobbes, T. 24

Hoffbauer, J. Chr. 86
Hölderlin, F. 121f., 132–134, 136, 173
Hufeland, G. 86
Humboldt, W. von 18
Hume, D. 43
Husserl, E. 35, 174

Jacobi, F. H. 16, 33f., 42, 59, 63, 67, 73, 121f., 128f., 131, 133, 135, 146, 169, 171
Jean Paul 135
Jonas, H. 104

Kant, I. 10, 12, 21–24, 27–37, 39–44, 49f., 56, 58f., 63, 67, 70f., 74f., 86, 88, 93, 102, 105, 108, 114f., 121, 126, 135–137, 142, 146, 151f., 156, 168f., 171–173, 175
Krause, K. F. 65

Lauth, R. 98
Lavater, J. K. 10
Leibniz, J. G. W. 44, 51, 67f., 131, 156

Mendelssohn, M. 33
Miltitz, Haubold von 9
Montesquieu, C. B. de 24
Moshamm, F. X. von 150
Münsterberg, H. 174

Napoleon 16, 19
Neuffer, C. L. 133
Nicolai, F. 112, 134
Niethammer, F. J. 65, 173
Novalis, (Hardenberg, F. von) 173

Sachregister

Große Denker

Herausgegeben von Otfried Höffe

Adorno, von Rolf Wiggershaus (BsR 510)

Albertus Magnus, von Ingrid Craemer-Ruegenberg (BsR 501)

Bacon, von Wolfgang Krohn (BsR 509)

Berkeley, von Arend Kulenkampff (BsR 511)

Camus, von Annemarie Pieper (BsR 507)

Epikur, von Malte Hossenfelder (BsR 520)

Foucault, von Urs Marti (BsR 513)

Freud, von Alfred Schöpf (BsR 502)

Galilei, von Klaus Fischer (BsR 504)

Humboldt, W. v., von Tilman Borsche (BsR 519)

Hume, von Jens Kulenkampff (BsR 517)

Jaspers, von Kurt Salamun (BsR 508)

Kant, von Otfried Höffe (BsR 506)

Locke, von Rainer Specht (BsR 518)

Machiavelli, von Wolfgang Kersting (BsR 515)

Marx, von Walter Euchner (BsR 505)

Newton, von Ivo Schneider (BsR 514)

Piaget, von Thomas Kesselring (BsR 512)

Popper, von Lothar Schäfer (BsR 516)

Quine, von Henri Lauener (BsR 503)

Weitere Bände in Vorbereitung